TRANSFORMAÇÃO RADICAL

CARO LEITOR,

Queremos saber sua opinião sobre nossos livros.
Após a leitura, curta-nos no facebook.com/editoragentebr,
siga-nos no Twitter @EditoraGente,
no Instagram @editoragente
e visite-nos no site www.editoragente.com.br.
Cadastre-se e contribua com sugestões, críticas ou elogios.

PEDRO WAENGERTNER
SULIVAN SANTIAGO
VICTOR NAVARRETE

Sócios da ACE abrem 100% da metodologia de inovação ACE Cortex

TRANSFORMAÇÃO RADICAL

6 ESTRATÉGIAS QUE IRÃO REVOLUCIONAR O SEU NEGÓCIO PARA TER A **INOVAÇÃO** COMO **DIFERENCIAL** COMPETITIVO

Caro leitor, para que você possa ter uma experiência única, acesse o link ou o QR Code ao lado para ter acesso a todos os conteúdos extras disponibilizados nesta obra.

http://bit.ly/tr-toolkit

Para ler este código, é muito fácil! Baixe em seu celular, smartphone ou tablet um aplicativo para leitura de QR Code. Toda vez que encontrar este símbolo durante a leitura, abra o aplicativo, aponte a câmera do seu aparelho para a imagem e acesse o conteúdo.

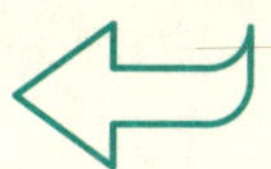

Diretora
Rosely Boschini

Gerente Editorial
Carolina Rocha

Editora Assistente
Franciane Batagin Ribeiro

Assistente Editorial
Giulia Molina

Produção Gráfica
Fábio Esteves

Preparação
Luciana Figueiredo

Capa
Renata Zucchini

Projeto gráfico e diagramação
Renata Zucchini

Revisão
Carolina Forin

Impressão
Gráfica BMF

Rua Original, 141/143 – Sumarezinho
São Paulo, SP– CEP 05435-050
Telefone: (11) 3670-2500

Site: www.editoragente.com.br

E-mail: gente@editoragente.com.br

Dados Internacionais de Catalogação na Publicação (CIP)
Angélica Ilacqua CRB-8/7057

Waengertner, Pedro
Transformação radical: 6 estratégias que irão revolucionar o seu negócio para ter a inovação como diferencial competitivo / Pedro Waengertner, Sulivan Santiago e Victor Navarrete. – São Paulo: Editora Gente, 2020.
304 p.

ISBN 978-65-5544-046-1

1. Negócios – Inovações 2. Sucesso nos negócios 3. Administração de empresas I. Título II. Santiago, Sulivan III. Navarrete, Victor

20-3482 CDD 650.1

Índice para catálogo sistemático:
1. Sucesso nos negócios

NOTA DA PUBLISHER

Em um mundo em constante transformação, insistir em mais do mesmo esperando novos resultados é insistir no erro e estar preso ao passado. Em outras palavras, é dar murro em ponta de faca. Hoje, transformação e inovação são sinônimos de sucesso, e implementar ferramentas poderosas em seu negócio para estar atualizado e conectado com as empresas que mais inovam no mundo inteiro, é imprescindível.

Para ajudá-lo nessa empreitada, não existem pessoas mais bem preparadas do que Pedro Waengertner, Sulivan Santiago e Victor Navarrete, sócios da ACE, principal aceleradora de startups da América Latina. Eles trazem, nesse *workbook* que está em suas mãos, as estratégias mais poderosas para construir o sucesso do seu empreendimento e entender, na prática, como a **transformação radical** pode mudar o rumo dos seus resultados. Com atividades práticas e canvas exclusivos, este livro é essencial para quem tem coragem de pensar fora da caixa (ou até mesmo se libertar dela) e criar novas tendências e caminhos para o futuro.

Inovação está no sangue da Editora Gente, e ter o Pedro, o Sulivan e o Victor no nosso cast é uma honra! Poder mudar a vida dos nossos leitores por meio dos nossos livros é a nossa verdadeira alegria, e eu tenho certeza de que você está prestes a embarcar em uma jornada transformadora, cuja pergunta que nos resta é uma só: vamos juntos?

Rosely Boschini – CEO e publisher da Editora Gente

Dedicamos este livro a todos os intraempreendedores que, em momentos difíceis e de crise, identificaram novas oportunidades e conseguiram se reinventar.

AGRADECIMENTOS

Gostaríamos de agradecer a todos que nos ajudaram direta ou indiretamente na realização desta obra.

A Mike Ajnzajn, Arthur Garutti, Felipe Collins, Jose Gutierrez, e Luis Gustavo Lima, queridos sócios, pela paciência nestes meses e pela inspiração.

A Milena Fonseca, Mariane Cortez e Jair Romano, com todas as discussões e revisões dos métodos, por compartilhar suas sabedorias das trincheiras.

A Renata Sagradi, Mariana Pedrone e Lucas Amenti, obrigado pelo apoio no lançamento do livro e pela criatividade.

A Franciane Batagin Ribeiro, Carolina Rocha, Ricardo Shinyashiki, Rosely Boschini, Dany Sakugawa e Fabricio Batista, obrigado por mais esta parceria. Esperamos que fiquem orgulhosos!

A Roberto Sallouti, Amos Genish, Frederico Pompeu, Mateus Carneiro e Pedro Compani, do BTG Pactual, obrigado pela amizade, parceria e inspiração.

A Alexandre Frankel, obrigado pela abertura e compartilhamento do case da Vitacon e da Housi.

A Fred Trajano e André Fatala, da Magalu, obrigado por continuar nos inspirando.

A Bernardo Carneiro, obrigado por compartilhar o case da Stone.

A André Street e Eduardo Pontes, obrigado pela inspiração.

A Arthur Saraiva, Thiago Barquette, Roberto Teixeira, Marcos Sterenkrantz e Bruno Camargo, obrigado pelo tempo e por compartilhar o case da XP.

A Alexandre Putini, Camilla Azeredo, Erika Fuga, Regina Mello e Viviane Mathias, obrigado por dedicarem tempo para compartilhar os bastidores e cases inéditos da SulAmérica.

A David Hengartner, por compartilhar o case da GETKICKBOX pela Swisscom.

A Guilherme Meirelles, por compartilhar cases da Neoway.

A Almir Araújo, por compartilhar sobre cases da BASF.

Juliana e Rodrigo, obrigado por estarem sempre presentes e pela paciência nos fins de semana.

Pedro Waengertner

Mariana, obrigado por ser minha companheira de vida para todas as aventuras. Agradeço aos meus pais, Margareth e Isaías, que me impulsionam a ser um ser humano melhor, e aos meus irmãos, que mesmo de longe me dão coragem e apoio.

Sulivan Santiago

Natália, Junia, Isabella, Marcel, Leonora e Catarina, obrigado por me incentivar diariamente a crescer como indivíduo. Agradeço ao meu pai, Miguel, mesmo não estando mais entre nós, pela inspiração constante vinda da sua história de superação.

Victor Navarrete

PREFÁCIO

Vivemos num mundo de incerteza. Mesmo as empresas mais consolidadas no mercado, com estratégias muito bem definidas e produtos e/ou serviços bastante reconhecidos encontram obstáculos pelo caminho. Mais frequentemente do que gostaríamos, todos temos de lidar com planos frustrados por eventos inesperados que nos fazem ter que reavaliar, ajustar investimentos e repensar prioridades. No caso mais recente, a pandemia da covid-19 trouxe uma crise humanitária de proporções globais e, a reboque, obrigou gestores públicos e privados a tomarem decisões rápidas em um cenário de incerteza exacerbada. Nem o líder mais precavido tinha em suas análises de risco uma pandemia que pudesse trazer tanta mudança aos negócios em tão pouco tempo. Lidar com incerteza é parte essencial do trabalho de todo gestor, mas arrisco dizer que fazê-lo com excelência é o que permite gestores excepcionais brilharem sobre todos os demais.

Mas se gestão com excelência é imprescindível nos tempos de crise, qual seu papel quando tudo parece estar bem? Acredito que nas horas de aparente calmaria, a importância da liderança nas organizações é ainda maior. Seguir o *status quo* e as premissas e práticas que o fizeram chegar à posição atual pode ser a receita para o insucesso num futuro cada vez mais próximo. Com o mundo em constante mudança, é imperativo inovar independentemente do seu tamanho, tempo de mercado e modelo de negócio. Por essa razão, *Transformação radical* é um livro essencial para os que estão buscando essa convicção e, principalmente, para aqueles que já entenderam a necessidade de assumir essa nova postura em suas organizações, mas precisam de ajuda em como executar os próximos passos. As estratégias claras de inovação ilustradas por exemplos de empresas e gestores são ferramentas à disposição do líder inovador. De uma maneira muito prática, Waengertner, Santiago e Navarrete nos deixam uma grande contribuição para a literatura da boa gestão.

Em busca de entender o que fazem as empresas verdadeiramente inovadoras, os autores destacam que invariavelmente elas possuem "as suas verdades". Quando lançamos o Mercado Livre em 1999, foi preciso ter muita convicção para se aventurar a criar um marketplace quando ainda nem se entendia muito bem o que era o comércio eletrônico. A nossa verdade era acreditar na democratização do comércio trazendo acesso a bens e produtos para consumidores de todos os cantos do país utilizando o potencial transformador da tecnologia e o impacto que ela poderia gerar na experiência de comprar e vender. Num mundo conectado pela internet, nosso grande sonho era possível!

Não faltaram detratores e os que estavam certos de que aquela ideia nunca iria funcionar, ainda mais na América Latina, onde questões de (des)confiança pareciam intransponíveis. Para transformar de forma radical a sua área ou o mercado em que atua, o líder inovador precisa, como num paradoxo, ter certeza diante das incertezas, enxergar o que outros não enxergam e não perder o otimismo em meio a críticas.

Inovar é tarefa árdua não apenas por conta de um entorno incrédulo. Às vezes, as dúvidas partem de dentro. E pior, a dúvida pode gerar medo, e o medo pode ser paralisante. Por que não esperar? Ou como os autores relatam a partir de suas conversas com executivos de empresas desejosas de transformação, mas ainda pouco convictas, dar voz ao predominante sentimento de que "ainda há tempo".

Vivi essa dinâmica na pele nos idos de 2010 quando o Mercado Livre completava sua primeira década. Já éramos uma empresa que havia escalado seus negócios, se mostrava viável financeiramente e até havíamos feito nossa abertura de capital na bolsa NASDAQ. Mas, "por debaixo do capô", adotávamos tecnologia monolítica e pouco flexível que tornava o desafio de lançar novos produtos e negócios cada vez mais lento. Não faltava convicção do que era preciso fazer: começar do zero, redesenhando nossa arquitetura e reescrevendo nossa tecnologia, API por API[1]. Para avançar foi necessário angariar coragem, ainda que houvesse risco. E se há uma característica determinante para o líder inovador que quer empreender transformação é ser um profissional de muita coragem!

Para alguns leitores, a decisão de inovar pode já estar tomada; o que por si é uma condição necessária, mas não suficiente. Por onde começar a jornada da transformação radical através

[1] Sigla para o termo em inglês "Application Programming Interface", ou seja, "Interface de Programação de Aplicativos", integrações de rotinas, aplicativos e sistemas para viabilizar as operações do negócio utilizando tecnologia.

da inovação? Os autores de *Transformação Radical* nos trazem metodologias que puderam comprovar em sua experiência auxiliando empresas, além de cases dos que percorreram esse caminho. Que bom ter de quem aprender!

Quando me perguntam o que faz o Mercado Livre ser uma empresa em constante transformação (em "beta contínuo" como dizemos dentro de casa), minha resposta é que somos "uma organização que aprende". Em 2012, decidimos lançar serviços logísticos em nosso marketplace através da unidade de negócios Mercado Envios. Até então não sabíamos nada do assunto, mas fomos atrás de *know-how* que não tínhamos na empresa: contratamos consultores, trouxemos talento para compor os novos times e estudamos casos de empresas de diversos continentes. Em duas palavras, buscamos conhecimento.

Sou suspeito para falar sobre quão apaixonante é a jornada da transformação de organizações através da inovação. É algo que me motiva e me inspira a continuar empreendendo, mesmo dentro de uma empresa grande como é o Mercado Livre de hoje. Meu convite aos líderes comprometidos com esse caminho é o de começar a dar passos. Passos firmes com a convicção de chegar à verdade da sua empresa. Passos corajosos para fazer o que no seu íntimo você sabe que precisa ser feito. Passos em direção ao conhecimento para aprender de quem já fez.

Boa leitura e boa sorte em sua jornada!

Stelleo Tolda

Presidente, Mercado Livre

AS EMPRESAS QUE NÃO ESTIVEREM CONSTANTEMENTE SE REINVENTANDO VÃO PERDER SUA RELEVÂNCIA AO LONGO DO TEMPO.

INTRODUÇÃO

Às vezes, sentimos imediatamente quando entramos em um escritório corporativo. É como se o sexto sentido ligasse e entendêssemos na hora que tipo de empresa estamos visitando. Outras vezes, escritórios bonitos e frases na parede nos enganam, e levamos um pouco mais de tempo para perceber. Mas, logo depois, o perfil fica cristalino, e facilmente conseguimos entender se estamos visitando uma empresa inovadora ou não.

Este sentimento está cada vez mais claro e palpável com o passar dos anos. É como se existisse uma classe completamente diferente da grande maioria das empresas do mercado. Como se fossem negócios que seguem outra lógica. E não se trata de uma diferença setorial. Essa sensação é presente em qualquer segmento da economia. As empresas que mais inovam são diferentes das demais. E a pergunta que fica é: o que as torna diferentes?

A resposta a esta pergunta não é simples de responder. Em 2018, estudamos diversas empresas no Brasil e no mundo e, no livro *A estratégia da inovação radical*,[2] Pedro Waengertner fala sobre como as empresas mais inovadoras do mundo fazem diferente. Descobrimos que não se trata do uso da tecnologia ou do espaço físico. Também não é a geografia, pois percebemos a

[2] WAENGERTNER, P. *A estratégia da inovação radical*. São Paulo: Editora Gente, 2018.

existência destas mesmas configurações no mundo inteiro. Resumimos o aprendizado em princípios. As empresas que mais inovam pensam de maneira semelhante, mesmo estando em negócios, regiões e mercados completamente distintos.

Nossos estudos também mostraram que não se trata apenas da existência de um líder visionário. Embora a liderança tenha um papel fundamental neste processo, entendemos que a resposta está muito mais na maneira como a empresa se organiza e age do que em qualquer outra coisa. E a boa notícia está justamente neste ponto, pois estes princípios podem ser incorporados por qualquer empresa, independente do mercado ou porte. E os resultados são transformadores.

O que explica empresas do mesmo setor, com pessoas qualificadas a bordo e situação financeira semelhante, apresentarem taxas tão diferentes de crescimento? Como alguns negócios conseguem se reinventar completamente no espaço de poucos anos? Não se trata de segredos muito bem guardados pelos que melhor desempenham. Na verdade, a maior parte das empresas que possuem resultados acima da média não sabem explicar com detalhes o porquê. E muitas possuem as portas abertas para qualquer um visitar e comparar as práticas delas com as suas próprias. Mesmo assim, é muito difícil copiá-las.

O mercado adora tentar resumir histórias de sucesso a fórmulas que podem ser simplesmente copiadas. Se aquela empresa criou um programa de aproximação com startups e tem resultados expressivos no mercado, basta repetirmos o programa e passaremos a colher os mesmos resultados, não? Isso não poderia estar mais longe da realidade.

As empresas mais inovadoras pensam com a própria cabeça, priorizam a própria verdade. E os projetos inovadores são decorrência dessa forma de pensar, pois isto reflete na maneira como se organizam, trabalham e executam seus processos. Também reflete no tipo de talento que estas empresas conseguem atrair e reter.

Com o tempo, ser uma empresa inovadora também garante que você vai atrair as melhores pessoas do mercado, e isso torna a empresa ainda mais fortalecida. Este círculo virtuoso permite que a empresa continue crescendo e impactando o seu mercado.

Já participamos de muitas reuniões em que a liderança quer inovar. No entanto, quando mostramos que o processo não acontece do dia para a noite e que exige um grande esforço por parte dos líderes, vários preferem continuar na trajetória atual do negócio. E não podemos censurá-los. Afinal de contas, a maior parte destas empresas está em uma situação financeira confortável, apresentando, inclusive, taxas de crescimento saudáveis. A pergunta que fica é: até quando?

Os dados mostram que não existem mercados seguros. É só analisar as empresas que compõem o ranking da Fortune 500 (lista das quinhentas maiores empresas americanas): apenas cerca de 10% dessas empresas continuam na lista desde 1955, ano de criação do ranking.[3] Todos serão impactados mais cedo

[3] FORTUNE 500: quais as três empresas que sobrevivem no top 10 desde 1955. **Época Negócios Online**, 21 mai. 2018. Disponível em: https://epocanegocios.globo.com/Empresa/noticia/2018/05/fortune-500-quais-tres-empresas-que-sobrevivem-no-top-10-desde-1955.html. Acesso em: 10 set. 2020.

ou mais tarde. A pandemia que aconteceu em 2020 nos ensinou que as empresas mais bem preparadas conseguiram sair fortalecidas da crise, mantendo seu ritmo de inovação. Ao mesmo tempo, outras empresas ficaram paralisadas, sem saber como agir. A grande maioria das empresas seguiu o manual clássico da redução de custos e proteção do caixa. Algumas, além de garantir que estavam protegidas, também souberam jogar no ataque e se aproximar dos seus clientes, desenvolvendo novos canais e ofertas para o mercado.

Se não basta copiar as estratégias dos negócios que se destacam, como qualquer empresa pode se tornar mais inovadora?

Este livro vem responder a esta pergunta na prática. Com exemplos de diversos setores, vamos mostrar que existe algo comum entre as empresas que mais inovam. Mais do que isso, vamos ajudar você a colocar no ar as primeiras iniciativas que vão ajudar a transformar o seu negócio.

Cada capítulo detalha as principais metodologias que entendemos fazer sentido para as empresas que desejam trilhar o caminho da inovação. Trouxemos cases de diversas empresas líderes de mercado, recheados de exemplos reais. Além disso, através de QR Codes, disponibilizamos recursos ao longo do livro para quem quiser se aprofundar nos detalhes de cada método e conceito.

O livro pode ser lido de maneira linear por aquelas pessoas que desejam entender a inovação de maneira completa, mas também pode servir como consulta para quem quer ir fundo em algum ponto da jornada. O único requisito é que você aplique os aprendizados no seu dia a dia.

Vivemos em um mundo de abundância, não de escassez. As melhores metodologias e formas de pensar são aquelas mais utilizadas, pois se comprovam e se consolidam com o tempo. Ao escrever este livro, cuidamos para compartilhar com você todo o conhecimento que acumulamos nos últimos oito anos, com o maior nível de detalhe possível. Sabemos que a jornada para se tornar um negócio mais inovador não é simples. Procuramos colocar, de maneira clara, o passo a passo para que qualquer empresa possa transformar o seu negócio por meio da inovação.

O que antes era uma opção, agora é um requisito no mundo dos negócios. Somente as empresas que entendem a inovação como competência e a colocam no seu DNA vão conseguir capturar o valor trazido pelas mudanças que estamos vivendo no mercado. Desejamos que você utilize esta obra para levar o seu time, negócio ou a sua carreira ao próximo nível.

Pedro, Sulivan e Victor

Capítulo 1

A NECESSIDADE DE TRANSFORMAR NEGÓCIOS

A maior parte dos executivos acredita que as mudanças são menos urgentes do que parecem. Constatamos isso em dezenas de conversas que temos em nosso dia a dia na ACE Cortex. Nas centenas de workshops que nosso time já realizou, nos quais priorizamos iniciativas junto com os executivos, acontece o mesmo padrão: os projetos de eficiência operacional são puxados para o curto prazo, enquanto os mais ousados são postergados para um ou dois anos a frente.

Sabemos que a grande responsável por essa postergação é a sensação de que as mudanças não estão acontecendo na velocidade que de fato estão. Aquela frase que lemos em alguns retrovisores de carros, "os objetos, no espelho, estão mais perto do que parecem", nunca foi uma metáfora tão importante quanto agora. E esta sensação de que os negócios sempre atrasados em relação à inovação fica muito clara ao conversarmos com executivos dos mais diferentes setores. Todos entendem a importância e a urgência do que está acontecendo no mercado. No entanto, quando se trata de partir para a ação, o cenário é outro.

Geralmente, quando realizamos um workshop executivo, o grupo se divide em facções: 10% das pessoas querem fazer mudanças reais no negócio; pelo menos 20% são mais pragmáticas, acreditando que devemos apenas tornar mais eficientes os negócios atuais. O restante do grupo acaba comprando a opinião de quem fala mais alto e, neste momento, surge a importância do papel da alta liderança da companhia. Mesmo que alguns projetos tidos como inovadores pelo grupo sejam aprovados em workshops, a tendência é que não sejam executados com a prioridade e com os recursos necessários para obterem impacto relevante.

Embora todos tenham a percepção de que grandes mudanças estão acontecendo, ainda há uma sensação de que não é preciso tomar atitudes muito drásticas em relação a estas mudanças. Existe um sentimento de "nós ainda temos tempo". Afinal, em muitos casos, os impactos reais ainda não são sentidos financeiramente. E é possível que vários modelos de negócio consigam sobreviver do jeito que estão por bastante tempo. Ou pelo menos era o que a maior parte das pessoas acreditava até pouco tempo atrás.

Infelizmente, aprendemos que a necessidade de transformar o negócio é urgente da pior maneira possível. No início de 2020, fomos atingidos por uma pandemia que colocou o mundo à prova, a pandemia da covid-19, mudando completamente a maneira como o mercado se comporta. Lentamente, a Ciência foi criando soluções para lidarmos com a parte relativa à saúde. Mas os negócios nunca mais seriam os mesmos. A presença do coronavírus mudou a situação das empresas do dia para a noite, colocando em xeque seus modelos de negócio e iniciativas de inovação. Depois do primeiro choque, quando houve corte de custos e adaptações, os verdadeiros impactos surgiram. É claro que alguns setores foram muito mais afetados que outros, como turismo, entretenimento e transportes. Entretanto, mesmo em segmentos muito afetados, tivemos casos de empresas que conseguiram se reinventar rapidamente. E como isso foi possível?

Enquanto o mercado entendia a **transformação digital** como a digitalização de processos, na grande maioria das empresas a pandemia provou que o conceito significa muito mais que isso. A inovação, que, em alguns casos, era restrita a workshops de *brainstorming* ou ideação, mostrou que está muito mais atrelada à execução de fato e deve ser incorporada à rotina do negócio. E as empresas aprenderam isso do pior jeito.

Empresas de call center, que não tinham estrutura e processos para permitir o home office dos seus colaboradores, foram forçadas a continuar operando, mesmo colocando em risco seu time. Varejistas, que tinham como direcionador de crescimento a abertura de lojas e não cuidaram dos seus canais digitais, viram seu faturamento cair praticamente a zero. Marcas que nunca testaram o modelo D2C (*direct to consumer*) de maneira agressiva ficaram reféns da falta de disponibilidade dos seus canais. Fábricas automatizadas continuaram operando normalmente, enquanto linhas de montagem ainda dependentes de trabalhadores manuais foram paralisadas. Os exemplos não acabam. O coronavírus nos mostrou que não estamos inovando rápido o bastante!

Outro efeito dessa pandemia foi nos lançar na era da agilidade, sem outra opção. Enquanto a maioria dos negócios fazia seus planejamentos de três a cinco anos, a incerteza e o fato de nunca termos vivido cenários semelhantes fizeram com que as empresas tivessem que fazer planos de curtíssimo prazo e alterá-los de acordo com as novas informações recebidas. Ou seja, todo o mundo foi forçado a trabalhar por *sprints* e priorizar a partir dos novos dados apresentados. E a maioria entrou no modo ágil sem sequer saber.

Algumas empresas se saíram muito melhor do que outras. Estas empresas já estavam trabalhando ativamente para transformar seus negócios através da inovação e não estão restritas a um segmento apenas. Podemos observá-las em todos os setores da economia. Nos próximos capítulos, traremos vários cases que demonstram como a maioria delas já entendia que inovação é prioridade para o seu negócio.

Quando uma abstração passa a ser algo real, visceral, ligado à sobrevivência do negócio, o nosso olhar para os diferentes conceitos muda completamente. E isso aconteceu com a inovação. A melhor coisa que tiramos da crise em relação a isso foi: senso de urgência e um resultado bastante concreto nos indicadores de grande parte das empresas do mundo.

ACELERAÇÃO DE TENDÊNCIAS E AS DESCULPAS QUE FICAM NO CAMINHO

A velha máxima de que "todos gostam de mudança, mas ninguém gosta de mudar" nunca foi tão verdadeira quando o assunto é inovação. A maior parte das pessoas conhece os dados mais comuns, como o uso prevalente de *smartphones*, a revolução das startups e a inteligência artificial e muito mais. Todos sabem que essas tecnologias, aliadas à rápida mudança do comportamento humano, vão trazer modificações dramáticas no cenário de negócios e nas relações sociais ao redor do mundo. O problema é que embora soubessem de tudo isso, elas não se sentiam ameaçadas ou motivadas o suficiente para transformar os seus negócios. A covid-19 foi um grande alerta, mas a dificuldade que ainda existe para que muitas empresas implementem as mudanças necessárias se resume a três elementos:

Falta de clareza do real impacto da inovação nos negócios atuais → As tendências são encaradas como serviços que as empresas podem incorporar ao longo do tempo ou tecnologias que podem ser acopladas aos produtos atuais. E a maioria dos executivos que está ativamente procurando por inovação a encara como algo incremental. O pensamento é: "Os fundamentos vão continuar como estão, mas existem muitas tecnologias que vão me ajudar a ganhar mais eficiência".

Foco no curto prazo → Grande parcela das empresas vive de trimestre em trimestre, em direção ao fim do ano fiscal. Toda estrutura de incentivos está orientada para os resultados de curto prazo, o que dificulta o planejamento de ações com horizontes mais longos. Além disso, os executivos permanecem cerca de três anos, em média, em uma função, e boa parte do foco é dado ao que pode acontecer neste período.

Dificuldade de analisar a velocidade das mudanças → Temos dificuldade de entender uma progressão geométrica, que normalmente é o formato de crescimento das principais tendências da atualidade. Ao mesmo tempo, não conseguimos entender a correlação entre as diversas tendências e os novos tipos de negócio que saem destas recombinações. Realmente, é um cenário complexo de se analisar para quem está acostumado com apenas uma indústria.

Assim, para entender um pouco deste efeito na percepção da maioria das pessoas, vejamos um exemplo bastante prático. Considere a assinatura de documentos, algo muito presente em nossas vidas. A maioria das assinaturas ainda é feita em papel, mas tivemos um crescimento exponencial de empresas adotando o modelo digital nos primeiros meses de 2020. Na indústria da inovação e tecnologia, a maioria dos documentos já é digital. E isso deve impactar os cartórios, a junta comercial e outros mecanismos que precisam ser repensados.

Este é o exemplo de uma tecnologia bastante óbvia cujo uso está crescendo diante dos nossos olhos, fazendo com que a abertura de uma conta bancária ou qualquer outro cadastro tenha cada vez menos fricção. A tendência por trás disso é a otimização e simplificação de processos por meio da tecnologia. Isso é bastante claro, não? A pergunta que fica é: por que ainda existem empresas que não estão tornando a maior parte dos processos que têm relação com seus clientes mais simples e fáceis? A resposta é simples: porque essa migração envolve mudanças estruturais na forma de operar.

A assinatura digital é uma mudança periférica. Trata-se de uma maneira de reduzir a complexidade dos processos. E mesmo assim ainda enfrenta resistência em muitos negócios. Essa postura, no entanto, é apenas uma fração do problema. Costumamos dizer que o bloqueio às iniciativas de inovação é uma questão de juros compostos, não simples. Isto porque, neste novo cenário, mais de um elemento muda simultaneamente, gerando resultados enormes ao longo do tempo. Veja o exemplo da Disney, que lançou em 2019 o Disney+, serviço de assinatura on-line de conteúdo via *streaming*, distribuído diretamente pela empresa nas mais diferentes plataformas:

Modelo de negócio → As empresas estão mudando a maneira de cobrar e entender a curva de lucratividade dos seus produtos. Modelos de assinatura, por exemplo, mudam completamente a dinâmica e valor do negócio. A Disney está tentando se proteger da Netflix e outros *players* do mercado de tecnologia. O serviço custa menos de 10 dólares por mês e claramente precisa de milhões de usuários mantendo suas assinaturas por vários meses para dar resultados positivos. Trata-se de um modo completamente novo de avaliar o negócio da Disney.

Distribuição e contato com clientes → Com o lançamento do Disney+, a empresa começa a vender direto para os seus clientes finais, algo que só fazia em seus parques de diversão e lojas próprias. Para tanto, precisa de equipe de atendimento e suporte, expertise em marketing digital, otimização de funil de conversão on-line e diversas outras competências que não tinha até então. Pelo menos não na escala necessária para garantir o sucesso do serviço.

Parcerias e tecnologia → A Disney adquiriu a BAMTECH, empresa de tecnologia que trouxe o *streaming* e operacionalizou inicialmente o canal digital da ESPN (subsidiária da Disney), introduzindo esta competência crítica na gigante do entretenimento. A empresa teve que entrar em um jogo completamente diferente em alguns meses, lidando com questões como a disponibilidade do serviço e otimização do algoritmo de recomendação de programas dentro dos seus vários aplicativos do Disney+, nas diversas plataformas disponíveis.

Quando fazemos a analogia com juros compostos, mostramos que não se trata apenas de um elemento do negócio, mas vários que precisam ser trabalhados simultaneamente para que a empresa dê saltos na mesma direção das tendências. Porém, a maior parte das empresas tem dificuldade de articular mudanças nesta magnitude. E é justamente aí que entra o papel da liderança. Em seu excelente livro *Onde os sonhos acontecem*,[4] Bob Iger, ex-CEO da Disney, mostra a necessidade da visão de longo prazo e constantes alinhamentos com todos os públicos envolvidos na decisão de lançar o serviço de *streaming*. Certamente, a empresa está fazendo uma aposta ousada. O que normalmente não conseguimos medir – e o que explica boa parte da falta de movimentação nesse sentido – é o preço de não fazermos nada.

O ser humano é muito bom em racionalizar e criar desculpas para não mudar. Ouvimos, diariamente, desculpas de todo tipo. A maioria delas vai na direção do "já estamos fazendo", criando uma falsa ilusão de movimentação. Conheça agora algumas delas e o que acontece de fato:

"JÁ ESTAMOS FAZENDO TRANSFORMAÇÃO DIGITAL"

Na verdade, a empresa contratou uma consultoria para digitalizar alguns processos e fez treinamentos em Scrum para a empresa inteira. Agora todos estão gerenciando os projetos no Kanban, sem resultados concretos.

[4] IGER, R. **Onde os sonhos acontecem** – Meus 15 anos como CEO da The Walt Disney Company. Rio de Janeiro: Intrínseca, 2020.

"CRIAMOS UM PROGRAMA DE CONEXÃO COM STARTUPS"

Na verdade, a empresa anunciou no mercado um novo programa e trouxe algumas startups, que foram apresentadas às áreas de negócio, com poucos projetos avançando de fato.

"ESTAMOS UTILIZANDO INTELIGÊNCIA ARTIFICIAL (IA) E OUTRAS TECNOLOGIAS"

Na verdade, a empresa contratou um *chatbot* para filtrar os contatos dos clientes no site, sem considerar IA para áreas que poderiam realmente se beneficiar da tecnologia. Ou pior: colocando a tecnologia antes do problema.

"ORGANIZAMOS NOSSOS TIMES EM SQUADS"

Na verdade, foi dado um treinamento e a empresa reposicionou colaboradores em grupos, que continuam fazendo as mesmas coisas, mas agora com muito mais complexidade e redundância.

"JÁ TEMOS INICIATIVAS DE CONEXÃO COM O ECOSSISTEMA"

Na verdade, a empresa enviou executivos para um tour no Vale do Silício ou na China e patrocinou alguns *hackathons*, sem efeitos práticos.

"TEMOS VÁRIOS PROJETOS DE INOVAÇÃO"

Na verdade, trata-se de alguns experimentos, mas não existem métricas para apontar se a empresa está na direção certa ou se estes projetos funcionam.

E acredite: é muito simples saber se estamos, de fato, agindo ou criando uma ilusão de ação. As perguntas são básicas:

1. **Quais produtos ou serviços foram lançados ou modificados para novos formatos e estão impactando diretamente o crescimento da companhia?**

2. **Quais novos canais foram adicionados nos últimos dois anos? E qual a performance destes canais?**

3. **Como a jornada do cliente está sendo acompanhada e melhorada?**

4. **Como está o crescimento da empresa versus o restante do mercado?**

São poucas as empresas que conseguem responder a estas perguntas com progresso concreto e consistente. Infelizmente, com o coronavírus, o nível da água baixou como um todo no mercado, deixando evidentes as empresas que realmente conseguiram criar vantagem competitiva por meio da inovação.

A ESTRATÉGIA DA INOVAÇÃO RADICAL E OS NEGÓCIOS ANTIFRÁGEIS

No *A estratégia da inovação radical*, Pedro Waengertner, coautor deste livro, usa como referência as práticas das empresas que mais performam no Vale do Silício, mostrando qual é a maneira de pensar destes negócios e como qualquer empresa pode utilizar este modelo. Comparando conteúdo e empresas apresentados no livro, podemos fazer uma pergunta-chave: quais foram as que saíram mais fortalecidas ainda nesta crise que enfrentamos? Praticamente todas viraram case durante a pandemia, seja nos resultados expressivos e crescimento em valor de mercado ou no aumento de clientes via canais digitais. Mesmo enfrentando a maior crise da nossa geração, empresas como Amazon, Magalu, Google, Xiaomi e diversas outras continuaram crescendo. É claro que outros fatores impactaram estes resultados, mas acreditamos que estas empresas estão configuradas de maneira a conseguir reagir e se adaptar às situações de mercado rapidamente. Além disso, seus negócios já estavam apostando nas novas tendências. Não precisaram correr para se adaptar.

Nas empresas mais inovadoras do mundo, seria inconcebível pensar no termo "transformação digital". Elas não dividem o seu negócio principal das suas estratégias digitais. O digital não é uma ferramenta separada das demais, mas um conjunto de recursos profundamente conectado a todas as atividades do negócio e impulsionado pelo conhecimento de todo o time. Estas empresas conseguiram criar um modelo que está constantemente se reinventando.

Em seu livro, Pedro correlaciona a alta adaptabilidade destes negócios ao design organizacional destas empresas, que permite que as ideias fluam de baixo para cima e lateralmente, além de uma organização de trabalho descentralizada, com decisões tomadas na ponta, por quem tem contato direto com os clientes.

Este design permite que a maior parte do negócio consiga reagir rapidamente aos estímulos que recebe do ambiente, como um organismo vivo. E esta solução é bem diferente da estrutura corporativa tradicional, que premia o comando e controle, a previsibilidade, a redução de riscos e a hierarquia.

No livro *Antifrágil*,[5] Nassim Nicholas Taleb descreve a diferença entre resiliência/robustez e antifragilidade. No primeiro conceito, ao ser submetido a estressores, os sistemas resilientes tendem a resistir, permanecer os mesmos. Quando consideramos sistemas antifrágeis, ao serem submetidos ao estresse, tornam-se mais fortes do que antes. Neste caso, a desordem é um elemento que fortalece este tipo de sistema. Com o cenário cada vez mais imponderável que vivemos, o modelo de atuação que coloca a inovação como competência, permeando toda organização, a torna muito mais propensa a aprender e se fortalecer a cada crise, na medida em que suas estruturas estão desenhadas para lidar com o incerto.

Mais do que entender a inovação como um produto lançado ou um projeto, devemos entendê-la como uma competência, intrinsecamente ligada a todos os aspectos do negócio. O livro *A estratégia da inovação radical* trabalha os seis princípios que as organizações mais inovadoras do mundo seguem para esta competência, e vamos falar sobre cada um deles no próximo capítulo. O ponto mais relevante que gostaríamos de reforçar agora é a absoluta necessidade de iniciarmos um processo de mudança profundo e estruturado na maior parte das empresas existentes.

[5] TALEB, N. N. **Antifrágil:** Coisas que se beneficiam com o caos. Rio de Janeiro: Objetiva, 2020.

Um processo de transformação não acontece de uma hora para outra. Trata-se de uma decisão que implicará anos de trabalho, formação da equipe e muita experimentação.

Mas o primeiro passo é sempre o mesmo: a alta direção **realmente** precisa acreditar que este é o caminho.

O MEDO E O EXECUTIVO

Na ACE Cortex temos contato com executivos todos os dias. Um dos sentimentos mais presentes em nossas conversas é o medo. O medo de ser demitido, de que seus projetos não consigam verba e o medo de fracassar. Estes dados se comprovaram quando fizemos a ACE Innovation Survey,[6] uma pesquisa anual sobre inovação com mais de 150 executivos de todo o Brasil. Em uma das perguntas mais marcantes para nós, quando questionamos quais eram as maiores preocupações dos líderes de inovação das empresas, a resposta número um foi: medo de perder o emprego.

Quando o líder de inovação de uma grande companhia tem um medo quase paralisante de perder o emprego, como você acha que serão os resultados dos projetos? Nosso diagnóstico é muito claro: o líder de inovação deve ser sempre o CEO do negócio. De que adianta nomear alguém como diretor de inovação se essa pessoa não tem autonomia e estímulo para quebrar paradigmas e fazer o que precisa ser feito? Aliás, em nossas pesquisas,

[6] ACE Innovation Survey. ACE, 2020. Disponível em: https://acestartups.com.br/innovation-survey-2020/. Acesso em: 01 set. 2020.

descobrimos que várias das empresas que mais inovam no mundo não têm um cargo formal na cadeira de inovação.

Outro dado que nos chama atenção é o baixo investimento em iniciativas de inovação. Mais de 70% das empresas com faturamento acima de 1 bilhão de reais investem em menos de dez projetos de inovação por ano, em média. Quase metade dessas empresas investe menos de 150 mil reais por projeto. Você se surpreende com essa informação? Novamente, vemos a necessidade de priorizar o assunto de fato.

Somente o CEO pode guiar a companhia e tomar decisões arriscadas, mesmo quando boa parte da diretoria e até o conselho não concordam com alguns dos projetos. Liderar este processo exige um misto de fé no futuro e capacidade de mobilizar as pessoas na direção da visão desenhada. E este é outro problema.

Constantemente, sentamos com CEOs e pedimos que estes nos deem seu *pitch* de inovação para o mercado. Costumamos usar como exemplo a Magalu, que foi case no livro *A estratégia da inovação radical*. Ao ser questionado sobre a visão da Magalu, Frederico Trajano rapidamente explica que a empresa é um negócio prioritariamente digital com pontos físicos. Isso vai na contramão do mercado de varejo, que ainda usa a fórmula de abrir lojas como motor principal de crescimento. Quando perguntamos para diversos CEOs qual a sua visão de inovação da empresa, raramente ouvimos algo diferente de: "Vamos digitalizar nosso negócio", ou "vamos usar a tecnologia X ou Y". Isso mostra claramente que a empresa não tem a própria verdade quando o assunto é o futuro do negócio. Ainda está presa nos ciclos de planejamento estratégico e planos de cinco anos.

O passo mais importante na direção da inovação é ter uma visão clara de onde queremos chegar. E, mais do que isso, entender quais pilares compõem esta visão. Na ACE Cortex, é o que chamamos de "teses de inovação". Para tanto, é preciso coragem para questionar o *status quo* e não fazer apenas o que o restante do mercado está fazendo. Aliás, uma boa receita de fracasso é copiar as mesmas coisas que todos estão fazendo.

ESTAMOS EM UMA JORNADA

Nos próximos capítulos, vamos conduzir você em uma jornada. Abriremos nossa metodologia passo a passo, cobrindo desde o planejamento até a execução das iniciativas de inovação. Os métodos foram feitos nas trincheiras, junto a dezenas de casos reais e empresas que estão buscando se reinventar em meio a todas as tendências que vemos hoje.

Sabemos que a jornada não é fácil. Vai nos levar por caminhos difíceis, muitas vezes ambíguos e com possíveis derrotas ao longo do percurso. Sabemos das dificuldades em trilhar lugares nunca antes percorridos, mas vamos sair da nossa zona de conforto em cada um dos blocos que cobriremos nas próximas páginas.

Sabemos, também, que encontrar novos caminhos em mercados estagnados e sem imaginação tem o poder de energizar toda organização. Acreditamos que a inovação está ao alcance de todos que se dispuserem a trilhá-los e confiar no processo.

Vamos descobrir novos caminhos juntos! •

**O SER HUMANO
É MUITO BOM EM
RACIONALIZAR E
CRIAR DESCULPAS
PARA NÃO MUDAR.**

Capítulo 2

A JORNADA DA INOVAÇÃO

A Stone é hoje uma das fintechs mais promissoras do mundo. Seu valor de mercado passa dos 80 bilhões de reais e a coloca entre as empresas mais valiosas da América Latina. Atuando em um segmento repleto de gigantes altamente capitalizados, a Stone consegue crescer agressivamente e desenvolver novos produtos com a velocidade de uma startup. Mesmo durante a pandemia, a empresa mostrou forte crescimento e capacidade de adaptação, chegando a 9% de participação no bilionário mercado de sistemas de pagamentos brasileiro.

Mas, então, como uma empresa consegue sair do zero e se tornar uma gigante no seu setor em apenas cinco anos desde a sua entrada em produção? E, principalmente, como se mantém inovando e desbravando o mercado mesmo depois de já possuir milhares de funcionários e uma grande estrutura operacional? A resposta está no DNA da empresa.

E, para que possamos entender melhor sobre isso, precisamos falar sobre a maneira como essa empresa estruturou-se no mercado para construir um DNA empresarial próximo dos grandes líderes de inovação globais. André Street e Eduardo Pontes são os cofundadores da Stone e, além deles, a companhia também conta com a união de um grupo de empreendedores que já atuavam juntos há alguns anos. Para entender o início da Stone, precisamos voltar pelo menos dez anos antes da data de fundação da empresa. Embora Street já empreendesse desde os 14 anos, podemos dizer que foi criando seu segundo negócio no mundo dos pagamentos que a semente da Stone foi plantada. Em um primeiro momento, a empresa chamava-se Braspag e era o que chamamos de um *gateway*, ou seja, um agente facilitador da integração técnica das diferentes modalidades de pagamento dos clientes no ambiente digital.

Com execução comercial agressiva e adaptação do produto às diferentes necessidades dos clientes, em 2007 a Braspag já transacionava 80% dos pagamentos da internet brasileira através da sua plataforma. Apesar disso, o mercado de e-commerce brasileiro ainda era relativamente pequeno, com 6,4 bilhões de reais transacionados. Assim, a Braspag recebia apenas centavos para cada transação. Sempre guiados pelo tamanho da oportunidade, o time começava a pensar em como seria o cenário no qual pudessem capturar uma participação percentual por transação, que ficava com os chamados adquirentes, isto é, as empresas que efetivamente realizavam a liquidação financeira dos pagamentos.

Entre os anos de 2007 e 2009, os fundadores gerenciaram a Braspag e também criaram dois outros negócios: a Netcredit, empresa de crédito on-line (CDC, ou Crédito Direto ao Consumidor e crédito consignado), em parceria com a Cetelem (braço do banco BNP Paribas), e a IGPay, em parceria com o Portal IG. Essa última, tornou-se posteriormente a Moip, importante subadquirente no mercado nacional. Em 2009, começaram a perceber os movimentos reguladores do setor financeiro brasileiro e viram uma grande oportunidade com a possível quebra do monopólio dos grandes bancos na indústria de adquirência. E assim, venderam os três negócios no mesmo ano, se preparando para atacar uma indústria ainda maior.

Em 2010, mergulharam de cabeça no mercado de e-commerce e dados, fazendo seu primeiro investimento na startup Site

Blindado, focada em credibilidade e segurança digital e gerida por um dos principais e mais antigos sócios do grupo, Bernardo Carneiro. Em paralelo, trouxeram parceiros do porte de Jorge Paulo Lemann, Beto Sicupira e Marcel Telles a bordo, montando um veículo de investimentos chamado Arpex Capital. Este veículo acabou se tornando o controlador de um relevante ecossistema de empresas do mercado de e-commerce chamado Usina. Foi ali que o grupo de empreendedores vivenciou o conceito de plataforma em termos de tecnologia e, principalmente, como modelo de negócios. Mais do que sinergias de custo e *cross-sell*, as empresas da Usina se integravam com outras soluções permitindo uma maior velocidade de execução e mais comodidade para o cliente por meio de suas tecnologias.

Ao longo da jornada, a visão de atacar o mercado de pagamentos ainda estava muito presente entre os empreendedores. A Stone começou a ser planejada em paralelo à Usina, como uma das iniciativas, especialmente entendendo toda a complexidade do mercado de pagamentos e como se posicionar de maneira contundente e disruptiva neste setor dominado por gigantes.

A oportunidade no setor de pagamentos era grande demais para não dedicar toda a energia e foco do time e, por esse motivo, em 2015 decidiram vender todas as empresas da Usina agregadas (posteriormente renomeada para Sieve Group) para a B2W,[7] uma das líderes de e-commerce na América Latina e passaram a se dedicar 100% ao mercado de pagamentos.

---

[7] MEIBAK, D. B2W compra empresa de tecnologia dos controladores da Americanas. Valor, 24 jun. 2015. Disponível em: https://valor.globo.com/empresas/noticia/2015/06/24/b2w-compra-empresa-de-tecnologia-dos-controladores-da-americanas.ghtml. Acesso em: 10 set 2020.

A filosofia da Usina foi um dos elementos importantes na criação do DNA da Stone. Eram dezenas de empreendedores sob a perspectiva de uma mesma cultura, buscando um único objetivo de ajudar o empreendedor digital e explorando sinergias comerciais e operacionais juntos. Esta descentralização na liderança e tomada ágil de decisão é um dos aspectos que garantiu a velocidade de execução da Stone, enquanto a grande maioria do mercado ainda estava operando no tradicional modelo de comando e controle.

A partir desses aprendizados decidiram entrar na briga com as empresas mais poderosas do país com três pilares em sua execução: modelo de distribuição diferenciado por meio dos polos regionais autônomos; tecnologia aberta, que possibilitava aos empreendedores a criação de soluções a partir da plataforma da Stone com foco em encantar o cliente e obter o maior Net Promoter Score (NPS) da indústria, notória pela baixa qualidade dos serviços. Estruturaram todo o negócio em torno destes três pilares e executaram de maneira agressiva e descentralizada. A disciplina, combinada a uma visão de que todos são donos das suas respectivas áreas, criou um claro senso de propósito. Além disso, o fato de diversos dos empreendedores dos negócios anteriores estarem diretamente envolvidos nas áreas críticas da Stone garantiu um alto nível de confiança da equipe e alinhamento.

Em vez de líderes de departamentos, a Stone cultivou empreendedores em todas as áreas críticas, com histórico claro de execução. E fez isso também construindo e investindo em diversas startups. Hoje a empresa possui mais de 16 negócios, como a Mundipagg[8] e Pagar.me[9], amplamente reconhecidos no universo digital e empresas as quais cada unidade é encarada como uma startup internamente. Entre 2015 e 2019, a Stone alcançou a marca de quatrocentos polos no país inteiro e viabilizou a criação de mais de cem fintechs por meio de sua tecnologia aberta como infraestrutura.[10] O olhar treinado no mercado de startups possibilitou parcerias rápidas com diversos empreendedores, que ajudaram a empresa a ganhar mercado rapidamente, mas também permitiu que a Stone exercesse o seu propósito de ajudar o empreendedor brasileiro.

Outro aspecto fundamental é o foco no cliente. Desde o início da jornada, a Stone não se propôs a ser uma "empresa de maquininhas", mas em resolver os problemas dos seus clientes. Ao priorizar o mercado extremamente desatendido na época e segmentando para pequenas e médias empresas, a companhia ofereceu um serviço de qualidade que possibilitou a empresa crescer rapidamente. Todo executivo da empresa têm a visão do cliente como prioritária em todas as iniciativas que lideram. Um dos momentos mais aguardados por uma companhia é a abertura de capital, onde os principais líderes e figuras mais imponentes tocam o sino que abre o mercado de capitais. No da Stone não foi o Street ou qualquer outro sócio, mas sim o Geraldo Mineiro,

---

[8] ZUINI, P. MundiPagg busca 40% do Mercado de pagamentos online. **Exame**, 18 out. 2016. Disponível em: https://exame.com/pme/mundipagg-busca-40-do-mercado-de-pagamentos-online/. Acesso em: 01 set. 2020.

[9] FELITTI, G. Jovens empreendedores de 18 anos dividem seu tempo entre a escola e uma empresa milionária. **Época Negócios**, 28 dez. 2014. Disponível em: https://epocanegocios.globo.com/Informacao/Visao/noticia/2014/12/jovens-empreendedores-de-18-anos-dividem-seu-tempo-entre-escola-e-uma-empresa-de-r-500-milhoes.html. Acesso em: 03 set. 2020.

[10] Bernardo Carneiro, executivo e sócio da Stone em entrevista concedida a Pedro Waengertner.

vendedor de queijo e primeiro cliente da companhia, que literalmente estava no centro e representando as centenas de milhares de clientes da Stone em todo o país. Ao lado dele, estava o sócio mais novo da Stone com 18 anos que é um dos principais líderes no time de relacionamento com cliente e representava ali os jovens empreendedores da Companhia.

A Stone faz sua bem-sucedida oferta pública de ações em 2018 e prepara o negócio para sua próxima onda de crescimento. Para essa nova fase da companhia, trouxe investidores de peso mundial como o megainvestidor Warren Buffet e a Ant Financial, fintech da gigante de comércio eletrônico chinesa chamada Alibaba. Eles se juntaram a outros nomes icônicos como Madrone Capital Partners, fundo de investimentos da família Walton, herdeiros do Walmart; além dos sócios da 3G Capital – gestora da Ambev, Burger King e outros.

Ao abrirem Oferta Pública Inicial (IPO), podemos perceber a maneira de pensar da empresa na carta dos fundadores ao mercado: "Essa história de empreendedorismo se tornou possível graças a três grupos de parceiros: nossos clientes, que são a razão de nossa existência; nossos investidores, que nos apoiaram e acreditaram em nossos sonhos e visão desde o princípio; e nosso jovem e apaixonado time de empreendedores, que estão transformando o panorama brasileiro dos pequenos negócios, com sua energia incansável".

Com a abertura do capital, a empresa coloca a tecnologia como parte cada vez mais importante do seu negócio e também persegue três novas avenidas: ampliar a oferta de software junto com o negócio de pagamentos, entrar no mercado de *banking* (serviços bancários) e crédito.

Qualquer análise que fizermos de paridade entre os resultados da Stone e as demais empresas do mercado de pagamentos brasileiro mostra que as métricas são bastante diferentes. E a explicação está no fato de a empresa operar de maneira completamente distinta do restante do setor, além de perseguir objetivos que vão além do mercado de pagamentos tradicional. Os resultados que observamos hoje são fruto da execução da primeira fase da empresa. Temos certeza de que veremos resultados relevantes da segunda fase nos próximos anos.

No início, mencionamos que as respostas em relação a performance da Stone estão relacionadas ao DNA da empresa. Este DNA está associado a vários dos princípios e práticas que cobriremos ao longo deste livro. Chamamos a atenção para os seguintes pontos:

Centralidade do cliente na tomada de decisões da empresa → Todas as decisões da Stone são pensadas e elaboradas em torno dos clientes da companhia, estendendo a visão para além dos produtos que a empresa atualmente fornece e pensando em como resolver diversos outros pontos da jornada destes pequenos e médios empreendedores.

Intraempreendedorismo → Colocar empreendedores em vez de executivos de mercado nas frentes mais relevantes do negócio ajuda a empresa a manter a cultura de "dono" e garantir que todos os negócios possuam este olhar.

Objetivos claros e desdobramentos com autonomia → A empresa sabe aonde quer chegar e comunica isso com clareza para toda a equipe, que possui autonomia e recursos para se manterem criativos e focados no resultado.

Não se contentar com o *status quo* e buscar novas avenidas de crescimento → A história da Stone sempre foi baseada na busca de objetivos ousados e em nunca se contentar com a situação atual do negócio.

Muito do DNA vem com as experiências empreendedoras anteriores dos fundadores e diversos sócios à frente da atual operação da empresa. Estas características, mais do que qualquer produto ou serviço que a empresa tenha ou venha a lançar, são responsáveis pela diferenciação da empresa no mercado. A seguir, vamos falar dos princípios que produzem empresas inovadoras como a Stone e podem ser aplicados em qualquer negócio, em qualquer mercado.

OS SEIS PRINCÍPIOS DA INOVAÇÃO RADICAL

A estratégia da inovação radical, livro que mencionamos anteriormente, rapidamente se tornou um best-seller no Brasil e atraiu a atenção de vários líderes empresariais e equipes de inovação em empresas de todos os portes. O objetivo do livro era extrair as melhores e mais inovadoras práticas que surgiram no Vale do Silício para facilitar o entendimento de qualquer empresa.

Traduzir o que aquelas companhias fazem em uma metodologia é quase impossível, uma vez que lidamos com perfis absolutamente diferentes uns dos outros. O que existe em comum são os norteadores de organizações como Amazon, Google, Facebook e Netflix. Foi daí que surgiram os seis princípios da inovação radical.

Ao longo do livro, Pedro repassa cada um deles, com exemplos de praticamente todos os setores da economia. São eles:

Os seis princípios da inovação radical

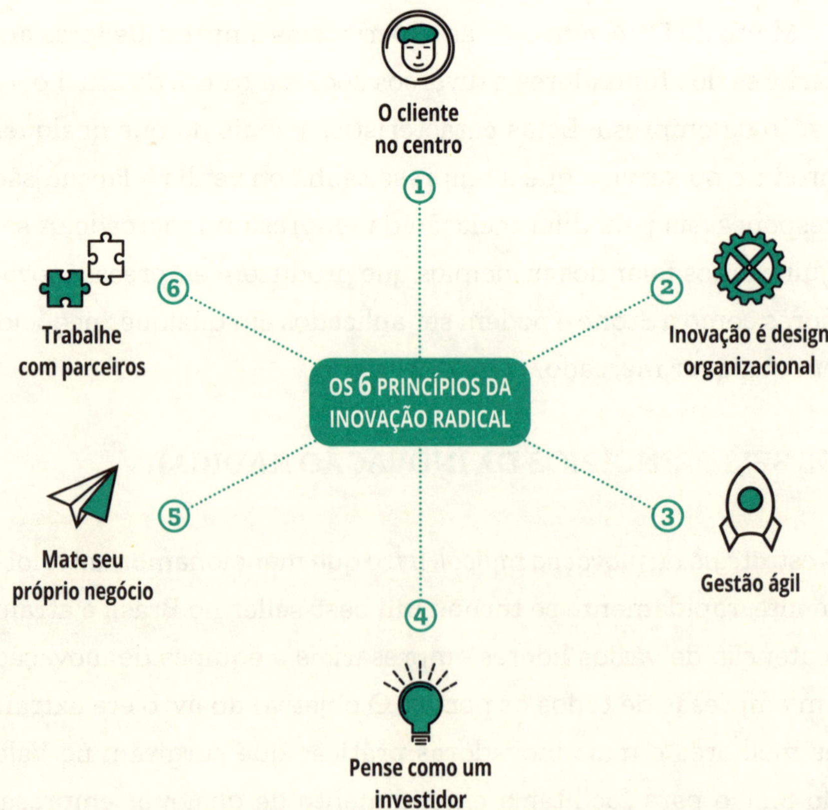

❶ O cliente no centro da equação → Quase todas as empresas que conhecemos afirmam que são centradas no cliente. Na prática, isso é muito fácil de contradizer: basta entender o que a organização faz de diferente do restante do mercado em relação ao cliente. Geralmente, trata-se apenas do discurso. Colocar o cliente no centro da equação significa tanto estar próximo e aprender com as necessidades e insights dos clientes quanto tomar decisões que possam parecer ilógicas a curto prazo, mas que criam valor na relação com o ativo mais importante de qualquer negócio. Em meio à pandemia que passamos, as empresas que se aproximaram de seus clientes e se adaptaram às necessidades com mudanças constantes conseguiram adaptar seus produtos e serviços, além de inspirar a criação de novas ofertas. O cliente foi e continua sendo o nosso maior seguro em relação às transformações do mercado.

❷ Inovação é design organizacional → Por mais que a empresa deseje ser inovadora, é o design organizacional que vai determinar a sua probabilidade de sucesso. Entendemos design organizacional como a combinação de processos, pessoas, estruturas e modelo de liderança. Por exemplo, a estrutura que bonifica o resultado trimestral acima do esperado no projeto que trará resultados no longo prazo invariavelmente vai gerar menos inovação. Elementos que normalmente são associados à inovação, como espaços abertos de escritório e nomes da moda nas atividades da empresa, apenas sinalizam inovação, mas não necessariamente estão correlacionados. Somente entendendo os elementos da estrutura e como cada um pode impedir ou acelerar o processo de inovação é possível desenhar o modelo que funciona para o seu negócio. Uma das alternativas, por exemplo, é criar projetos fora da estrutura tradicional da companhia, de modo a não perder velocidade e ser freado pela burocracia. Chamamos este modelo de **estrutura ambidestra**.

❸ Gestão ágil → A gestão ágil significa muito mais do que simplesmente utilizar metodologias ágeis, como o Scrum ou Kanban. Trata-se da maneira de pensar dos líderes das empresas que querem manter a velocidade e a maleabilidade necessárias para se adaptar às constantes mudanças do mercado. A pandemia transformou o mundo inteiro em um grande *sprint* baseado nas metodologias ágeis, fazendo com que a maior parte das empresas tivesse que reajustar seus planos frequentemente, aprendendo com experimentos e alterando suas rotas. Com o fim da vantagem competitiva sustentável e a aceleração das curvas de inovação, uma das poucas características de difícil imitação que resta é o modo como a empresa trabalha, como vimos no case da Stone. Chegar neste nível envolve uma liderança que pensa e age de maneira diferente da do mercado, acompanhada por um time que consegue atuar de maneira autogerenciada sempre que necessário.

❹ Pense como um investidor → Quando um investidor do mercado de startups investe em um novo negócio, ele não foca exclusivamente o risco de falha de cada um dos investimentos, mas principalmente o que vai acontecer se o negócio der muito certo. Para maximizar sua chance de retorno, o investidor faz diversas apostas ousadas e colhe resultado das poucas que dão certo, que, por sua vez, são suficientes para pagar todo o retorno dos investimentos realizados. No mercado corporativo, o raciocínio padrão é exatamente o oposto: como os executivos não querem correr riscos, acabam fazendo poucas apostas em projetos pouco ousados. A chave deste princípio é errar rápido e barato, fazendo diversos experimentos com grande potencial de retorno, caso funcionem. Para isso, é preciso gerenciar esses projetos em um portfólio, a partir do qual acompanhamos de maneira integrada o progresso de cada um, investindo mais naqueles que apresentarem progresso consistente.

5 Mate seu próprio negócio → Os ciclos de inovação estão cada vez mais curtos, influenciados pela curva de adoção de novas tecnologias e produtos por parte dos consumidores. Estas curvas foram aceleradas pela pandemia da covid-19, pois grande parte das empresas não estava preparada para o canal digital, por exemplo. O princípio se traduz na necessidade de a empresa estar constantemente pensando e testando novos modelos de negócio, produtos e canais que possam substituir ou afetar a demanda atual da sua atividade principal. Este, talvez, seja um dos princípios que mais enfrenta restrições por parte dos executivos, uma vez que estas novas abordagens têm o potencial de canibalizar as ofertas atuais. Acreditamos que este será o novo paradigma de negócios daqui para frente, e as empresas que não estiverem constantemente se reinventando vão perder sua relevância ao longo do tempo.

6 Trabalhe com parceiros → Com o ritmo acelerado das mudanças do mercado e a urgência de testar conceitos e produtos com clientes, o trabalho com parceiros se torna cada vez mais importante. Parceiros têm o potencial de acelerar ciclos de aprendizado e execução na medida em que podem trazer competências e recursos que faltam para a corporação. Hoje, um dos caminhos mais populares é o trabalho com startups, que podem aportar rapidamente estes recursos a um custo muito baixo. Acreditamos que existe uma correlação direta entre o trabalho estruturado com parceiros e a velocidade e a qualidade do processo de inovação de uma empresa.

Estes seis princípios estão mais atuais e relevantes do que nunca e se provaram ainda mais importantes durante o período recente. As empresas que investiram em desenhar o seu negócio privilegiando a inovação, adaptando-se prontamente às necessidades dos clientes e colocando novos produtos e serviços rapidamente no mercado, conseguiram colher resultados de maneira muito mais consistente.

Em 2018, Pedro destacou o trabalho da Magalu em seu livro mostrando como a empresa conseguiu transformar o seu negócio em meio a um setor árido como o varejo tradicional. Nos anos seguintes, a empresa conseguiu reforçar ainda mais sua posição, aumentando a participação do comércio eletrônico nas suas vendas para quase 50% ao final de 2019 e comprando propriedades digitais importantes, como Estante Virtual e Netshoes.[11] As movimentações da empresa a tornaram muito mais forte para suportar o fechamento

[11] MAGAZINE LUIZA – Relação com Investidores. Disponível em: https://ri.magazineluiza.com.br/. Acesso em: 25 ago. 2020.

das lojas durante a pandemia. Enquanto o varejo mundial sofria um duro golpe, durante o segundo trimestre de 2020 a Magalu reportou um crescimento de 182% frente ao segundo trimestre de 2019, com um aumento de 49% nas vendas totais no mesmo período.[12]

Os resultados da Magalu são fruto de uma liderança forte combinada com uma boa elaboração estratégica. Vamos analisar as ações da empresa frente aos seis princípios apresentados anteriormente:

Magalu e os seis princípios da inovação radical

O cliente no centro da equação

1 **Sempre priorizou os clientes em suas decisões, prática que permeia toda a cultura da empresa. Isso é representado na qualidade do atendimento e no constante aprendizado e ajuste dos seus produtos e serviços. Um exemplo é a utilização das lojas para acelerar a velocidade das entregas do *e-commerce*, com o *ship from store* (logística utiliza a loja mais próxima do cliente que o tenha o produto para efetuar a entrega) e também o serviço de retirada nas lojas, mesmo que estivessem oficialmente fechadas durante a pandemia.**

Inovação é design organizacional

2 **Para ganhar velocidade, a empresa criou o Luizalabs, muito antes da moda de laboratórios de inovação corporativos. Com uma gestão apartada, subordinada diretamente ao CEO, o Luizalabs foi um dos protagonistas da transformação do negócio e um ótimo exemplo de ambidestria.**

[12] Idem.

Gestão ágil

❸ A empresa se organizou cedo de maneira ágil, criando seu próprio manual de operação e uma maneira nova de pensar e operar tecnologia. Isso facilitou, inclusive, a aquisição de empresas de tecnologia, que conseguiam se conectar rapidamente à operação da empresa.

Pense como um investidor

❹ A empresa fez diversos experimentos durante mais de oito anos, desde o lançamento pioneiro da venda social até diversos serviços criados nas lojas físicas.

Mate seu próprio negócio

❺ A Magalu mudou o foco do varejo tradicional para uma abordagem digital. Tornou-se uma plataforma digital com pontos físicos, o que mudou toda a maneira de acompanhar e gerenciar o negócio. Além disso, comprou diversas empresas digitais (Netshoes, Época Cosméticos, Estante Virtual), mudando o modelo vertical de varejo para uma ampla oferta horizontal.

Trabalhe com parceiros

❻ A empresa não apenas é uma grande usuária de diversas soluções de startups, como também criou um *marketplace* (plataforma que une compradores e vendedores) que permite a milhares de pequenos negócios trabalhar em parceria e usufruir da ampla distribuição da empresa, enquanto a Magalu consegue expandir rapidamente seu sortimento de produtos oferecidos.

Em nossa experiência, os seis princípios podem ser utilizados por empresas de qualquer setor e qualquer porte. É claro que sua aplicação se diferenciará de acordo com as circunstâncias, mas acreditamos que as empresas que se prepararem de maneira consistente para transformar a inovação em uma competência corporativa conseguirão colher muito mais resultado do que a concorrência.

O ELO PERDIDO

Após a publicação de *A estratégia da inovação radical*, várias empresas procuraram o autor e a ACE Cortex, buscando aplicar as ideias contidas no livro nas suas rotinas. Embora o livro tivesse várias sugestões operacionais, sentimos que faltava um direcionamento mais claro para todos que quisessem implementar uma jornada de inovação em seus negócios, fossem grandes, pequenos ou apenas um departamento em uma estrutura corporativa maior.

Nossa crença é muito simples. Acreditamos que qualquer empresa pode se tornar mais inovadora. A inovação está tão conectada com a forma de pensar quanto de executar. Assim, este livro vem ajudar àqueles que estão querendo colocar as estratégias em prática e precisam de método e conselhos sobre como avançar.

Com algumas centenas de projetos implementados nas maiores empresas do país e constante contato com as organizações de ponta globais, o time da ACE Cortex desenvolveu e adaptou diversas metodologias ao longo dos anos. Este livro tem o objetivo de expô-las, de modo que qualquer empresa consiga seguir o passo a passo proposto. Para facilitar o entendimento, desenvolvemos um modelo visual, que o acompanhará ao longo da leitura.

Jornada da Transformação Radical

Criamos esta Jornada da Inovação entendendo que as empresas podem estar em diferentes estágios de maturidade e setor. O objetivo é que este modelo possa se tornar um guia para quem quer começar a jornada ou para quem já tem projetos mas quer estruturá-los com uma metodologia. Dividimos os capítulos do livro para ajudar você a encontrar o que pode auxiliar nos projetos e desafios que esteja enfrentando agora e quebramos as etapas da seguinte forma:

Planejamento da inovação → Uma das questões mais importantes referentes à inovação é a necessidade de uma estratégia corporativa clara, desdobrada em um planejamento que consiga atuar diretamente nos desafios impostos pela estratégia. O foco e a priorização são fundamentais aqui. E uma das melhores maneiras de direcionar os esforços de inovação é a criação de teses claras de futuro. As teses são derivadas do direcionamento estratégico da companhia e ajudam na priorização, na organização e no acompanhamento do portfólio de projetos de inovação da empresa. Vamos abordar a questão estratégica a seguir, ainda neste capítulo.

Geração de ideias → Sabendo aonde queremos chegar e partindo do pressuposto de que estamos trabalhando com um cenário incerto, a geração de boas ideias é uma das bases mais importantes para a execução posterior dos projetos. Sempre repetimos que as ideias têm menos valor do que a execução, mas só podemos realizar projetos que sejam verdadeiramente inovadores se eles estiverem ancorados em boas ideias. Acreditamos que boa parte das melhores ideias vem das equipes que estão em contato com os clientes. Aqui, falaremos sobre como estruturar um bom programa para geração de ideias e como utilizar as diversas ferramentas para potencializar a participação de toda a empresa neste processo. Este assunto você encontrará no **Capítulo 3**.

Execução de projetos → No meio corporativo, é muito comum a execução dos projetos de inovação cair em várias armadilhas clássicas. A maior delas é a execução similar às dos demais projetos da empresa. Os projetos de inovação, especialmente, precisam de cuidados específicos na sua condução, método e modo de acompanhamento. Mais do que apenas contratar uma consultoria para o desenvolvimento de um software por exemplo, a execução exige envolvimento intenso da alta direção e de pessoas que realmente entendam os grandes objetivos por trás desses projetos. Muito além dos métodos ágeis, vamos falar de todos os conceitos envolvidos na execução, desde a formação dos times, capacitação dos indivíduos até a concepção da estrutura do projeto. Tudo isso você encontrará no **Capítulo 4**.

Inovação aberta → Este é um tema bastante falado no mercado atualmente. Mas, paradoxalmente, é um dos itens em que poucas empresas acertam e conseguem ter suas expectativas atendidas. Acreditamos que a inovação aberta pode trazer muitos resultados para as empresas, desde que sejam utilizados os métodos mais adequados, embasados em uma estratégia clara de execução. Assim, no **Capítulo 5** vamos cobrir desde a inovação junto a startups e outras organizações inovadoras até desafios públicos e parcerias com outras empresas.

Transformação do negócio principal → Depois de iniciar projetos específicos de inovação, a maioria das empresas começa a questionar como fazer a mudança dentro do seu negócio principal. Ou seja, como fazer com que as áreas que entregam valor aos clientes trabalhem com novos métodos de execução e, principalmente, novas formas de pensar. Vamos abordar como uma empresa pode fazer a **transformação radical** de fato, observando desde a priorização das áreas até a maneira de organizar a execução do projeto. Nossa abordagem é centrar a transformação na cultura, garantindo que as pessoas realmente entendam e comprem o projeto para levar a empresa a outro patamar. Tudo isso você encontrará no **Capítulo 6** deste livro.

Disponibilizamos um diagnóstico on-line que pode ajudá-lo em cada um dos blocos do livro. O diagnóstico e todos os demais recursos que serão disponibilizados ao longo da sua leitura podem ser acessados em um único lugar, por meio do QR Code ao lado.

http://bit.ly/tr-diagnostic

Vamos ao primeiro passo da transformação radical.

INOVAÇÃO DEVE ESTAR SUBORDINADA À ESTRATÉGIA

A primeira pergunta que geralmente fazemos para executivos que querem trilhar o caminho da inovação é: qual é a estratégia da empresa? Toda inovação deve ser derivada de um raciocínio estratégico claro. Acreditamos que a melhor maneira de obter resultados relevantes é aplicar inovação exatamente onde a empresa precisa se diferenciar, onde vai construir vantagens competitivas.

É claro que acreditamos que a inovação deve permear o negócio todo. Mas também acreditamos que as empresas que associam a inovação a decisões que partem de um raciocínio estratégico conseguem resultados infinitamente melhores. Quando entendemos a direção que precisamos seguir e os desafios que vamos enfrentar no caminho, é possível concentrar esforços e maximizar o uso dos recursos.

Em seu excelente livro *Estratégia boa, estratégia ruim*,[13] Richard Rumelt define o que é uma estratégia, dividindo-a em três simples etapas:

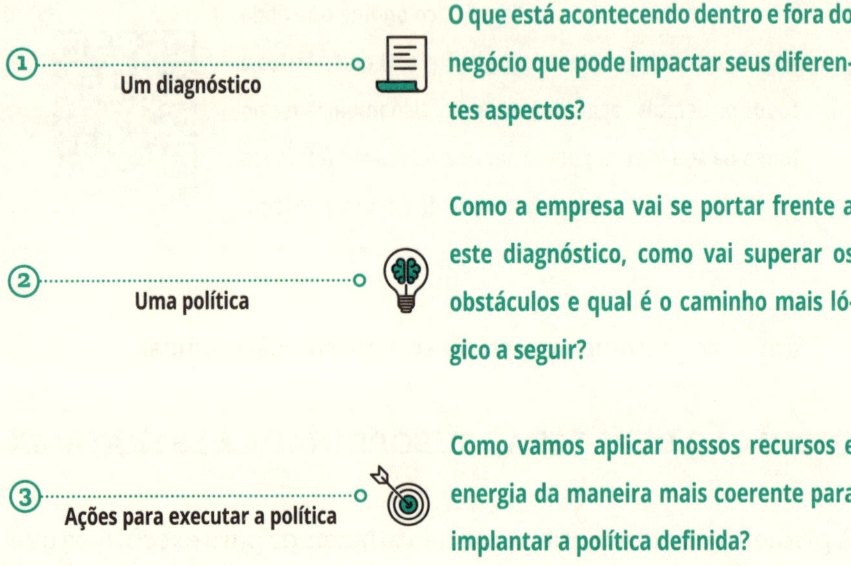

E a pergunta que fica é: onde entra a inovação nesta equação?

É claro que precisamos inovar para criar a política que a empresa vai adotar. Mas acreditamos que o papel crítico da inovação está no desdobramento das políticas para ações concretas. Vamos imaginar a seguinte situação: a empresa define que deve criar um novo canal digital para distribuição dos seus produtos. A execução desta política pode ser a aquisição de uma startup, que já atinge os clientes-alvo, ou a

[13] RUMELT, R. Estratégia boa, estratégia ruim. Rio de Janeiro: Elsevier, 2011.

construção desse canal usando os recursos internos. E também pode ser a combinação das duas ações. Este tipo de movimento está diretamente ligado à execução da inovação. E a tomada de decisão neste sentido pode determinar os resultados futuros do negócio.

No método da ACE Cortex, as políticas mais incertas podem ser desdobradas como teses. Estas teses são escolhas que a companhia faz em relação às suas prioridades estratégicas. Elas ajudam a definir o foco das ações que serão exploradas e testadas nas iniciativas de inovação.

Seguindo o exemplo citado, criar um novo canal de distribuição dos produtos foi a tese elaborada pelo negóco. Certamente, esta tese precisa ser detalhada para que a decisão quanto aos próximos passos seja tomada com razão estratégica por trás dela. A solução para este desafio requer uma cuidadosa elaboração, com diversos caminhos possíveis. Podemos comprar empresas para desenvolver este canal, como citamos, mas também, investir na digitalização dos produtos atuais e criar estratégias on-line de aquisição de novos clientes. Defendemos que os projetos derivados das teses sejam organizados como um portfólio e geridos de maneira integrada, de modo a aumentar as chances de sucesso da estratégia definida.

Estas teses devem guiar as decisões tomadas e ajudar a empresa a priorizar investimentos no seu portfólio de projetos de inovação. Vamos falar bastante sobre como acompanhar estes projetos no **Capítulo 7 – Gestão da Inovação**. O mais importante é ter clareza do poder do **não** quando falamos de inovação. As empresas que mais inovam são excelentes em priorização e sabem destinar os recursos para os projetos que podem de fato mover a agulha nas teses definidas.

O PRÓXIMO PASSO

Um dos objetivos principais deste livro é dar forma àquilo que temos apenas como uma visão etérea em nossa mente. Sabemos que a jornada é longa e difícil, mas acreditamos que as empresas que conseguem sistematizar seus processos de inovação e ter clareza de aonde querem chegar conseguem ter uma grande vantagem em relação à concorrência.

Vivemos em tempos cada vez mais incertos e voláteis. Apostar em novos caminhos ao mesmo tempo em que melhoramos os caminhos atuais é uma receita que tem funcionado para as empresas mais inovadoras do mundo. Acreditamos que as organizações que mais inovam têm a própria verdade, as próprias crenças em relação aos rumos do mercado e ao que devem colocar em prática. E a coragem é um elemento essencial para iniciar esta trilha.

Esperamos que os próximos capítulos forneçam insumos para que você consiga colocar em prática projetos de inovação no seu negócio que realmente gerem resultados. Mas, mais do que isso, que ajudem a colocar em prática a verdade da sua empresa, tornando-a única. Nas próximas páginas, detalhamos centenas de técnicas que podem ajudar você a pensar, planejar, executar e gerenciar seus projetos de inovação. •

O CLIENTE FOI E CONTINUA SENDO O NOSSO MAIOR SEGURO EM RELAÇÃO ÀS TRANSFORMAÇÕES DO MERCADO.

Capítulo 3

GERAÇÃO DE IDEIAS

Medicina Conectada é a combinação de serviços prestados no aplicativo da SulAmérica, o maior grupo segurador independente do país, para cumprir a jornada de atendimento médico sem que o paciente saia de casa. O primeiro serviço é o Médico na Tela, uma solução prática para triagem e teleconsultas que permite o contato direto entre paciente e médico através de videoconferência. Com apenas dois cliques, o usuário pode agendar e participar da consulta. O processo envolve autenticação digital médica e prescrições digitais registradas em um banco de dados conectado a milhares de farmácias para validação segura e compra dos medicamentos. Para casos complexos, o médico pode instruir o beneficiário a procurar os cuidados de saúde apropriados, desde a consulta com um especialista, encaminhamento a um pronto-socorro ou até mesmo o envio de um clínico geral à casa do paciente para exames físicos, chamado Médico em Casa.[14]

O aplicativo também oferece cuidados de saúde mental. Os beneficiários podem participar de sessões de terapia por videoconferência por meio de um serviço chamado Psicólogo na Tela, disponível 24 horas por dia, sete dias por semana. Basta enviar a prescrição médica, escolher o psicólogo na plataforma e agendar dia e hora mais convenientes. O processo é totalmente digital e permite maior escala na gestão da saúde, expande as fronteiras da assistência à saúde em locais de difícil acesso no Brasil e reduz significativamente idas desnecessárias ao pronto-socorro, além de reduzir sinistros. Tudo isso sem custo adicional para os beneficiários.

[14] AZEREDO, C. (responsável por inovação da rede SulAmérica). [Entrevista concedida a] Pedro Waengertner, Sulivan Santiago e Victor Navarrete.

Somente em 2020 foram mais de 80 mil acessos ao Médico na Tela. Foram evitadas 83% de idas desnecessárias ao pronto--socorro e redundâncias na utilização dos sistemas de saúde, e a experiência do beneficiário foi melhorada, o que gera menos sinistro para a companhia e mais segurança para o paciente. Relativo ao Médico em Casa, houve 95% de resolutividade dos casos, com apenas 2% de encaminhamentos para o pronto-socorro e 28% para um médico de família para acompanhamento contínuo, ainda mantido no radar de cuidado da SulAmérica.

Este projeto já impactou quase 2 milhões de beneficiários e nasceu de uma simples pergunta de alguns colaboradores internos: "Como podemos fazer triagem médica de maneira mais humana?". Ideias como esta, cheias de potencial e resultados expressivos, estão disponíveis em nossas empresas. O desafio é como encontrá-las.

Jornada da Transformação Radical

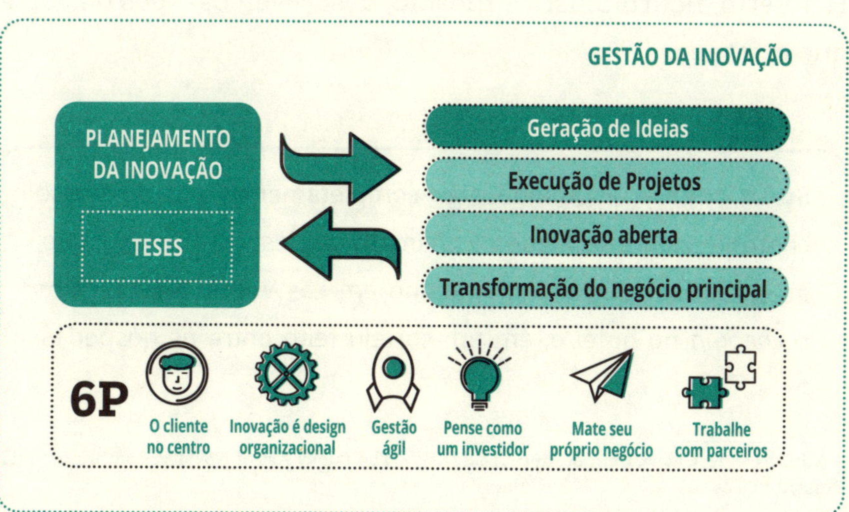

A resposta está na Jornada da Inovação. Especificamente no processo de geração de ideias, que iremos abordar em detalhes a seguir.

A INOVAÇÃO, SORTE E MITOS

Quando perguntamos aos CEOs e executivos, em muitos de nossos workshops, quais são seus receios e medos quanto à inovação, as respostas mais comuns são a necessidade de resultados de curto prazo, provar o retorno do investimento em inovação e ter um método que funcione em todos os níveis da empresa. Na verdade, de maneira simplificada, o que querem dizer é que a experiência e o sentimento quanto à natureza da inovação é caos, imprevisibilidade e indomabilidade. Por isso é comum o sucesso da inovação ser atribuído à pura sorte. Mas deve haver uma maneira melhor de usarmos a sorte a nosso favor, não é?

Em seu livro *Chase, Chance, and Creativity*,[15] o Dr. James H. Austin, neurologista e filósofo, descreveu os tipos de sorte que existem:

Sorte cega → É quando algo completamente fora do nosso controle acontece. Alguns a chamam de destino. Por exemplo, imagine que vamos a um cassino em Las Vegas. Nós fizemos o *check-in* no hotel e, em um sorteio feito entre os hóspedes,

[15] AUSTIN, J. H. **Chase, Chance, and Creativity** – The Lucky Art of Novelty. Cambridge: MIT Press, 2003.

ganhamos 100 mil dólares que estarão disponíveis para entretenimento. Essa é a sorte cega.

Sorte por persistência → Acontece apenas com trabalho duro, perseverança e dedicação. Quando você cria várias oportunidades, algumas delas vão dar errado, entretanto, a sorte o encontrará eventualmente. Ainda no exemplo do cassino, imagine que compramos 500 dólares em fichas e passamos a noite jogando nas máquinas. Não necessariamente o esforço será recompensado, mas estamos criando diversas oportunidades para a sorte nos encontrar.

Sorte por preparação → Se dá quando você se torna muito bom em algo, chegando a ser capaz de identificar oportunidades que outros não veem. Você se torna sensível à sorte por meio da sua habilidade, conhecimento e trabalho. Em cassinos, por exemplo, há jogos de pôquer, um esporte relacionado a probabilidade, leitura de comportamento, estatística e pensamento sistêmico. Um bom jogador pode até perder por um tempo, porém, sabe identificar bons momentos, nos quais a probabilidade está a seu favor, para pisar no acelerador e maximizar o ganho.

Sulivan, um dos coautores deste livro, fundou uma startup no mercado de pôquer em 2015. Inclusive, viveu da modalidade amadora enquanto acelerava sua startup na ACE. Uma das coisas curiosas sobre este esporte é que o dinheiro não está em jogos presenciais, televisionados em canais fechados com prêmios milionários como muitos pensam. Na verdade, o pôquer on-line é a chave para o sucesso. O fator? Volume! Na versão virtual do jogo é possível abrir cinco, dez, cinquenta mesas ao mesmo tempo, enquanto o mundo físico limita o jogador a uma mesa. Dessa forma, as oportunidades são multiplicadas e a variância (o aspecto sorte) do pôquer ainda é reduzida.

Com esses exemplos, queremos que você perceba que, assim como o pôquer on-line, a melhor estratégia é estruturar e organizar a inovação na empresa de modo a se beneficiar da sorte por persistência e preparação. Thomas Edison, inventor e empreendedor norte-americano, disse certa vez que a genialidade vem de 1% de inspiração e 99% de transpiração,[16] ou seja, uma ideia sem execução e trabalho duro não vale muito. Mas, mesmo que 99% seja trabalho duro, ainda precisamos de 1% de inspiração.

Como um jogador de pôquer atento, a sua empresa precisa ser capaz de capturar diversas oportunidades (persistência eficiente) com método (preparação), e isso é possível com uma iniciativa de geração de ideias, criando um espaço organizado na rotina do time para que essas ideias possam ser desenvolvidas e compartilhadas. Estes programas têm um impacto profundo na organização. Imagine descobrir novos mercados, criar novos produtos, aumentar a eficiência operacional do RH, melhorar a saúde dos colaboradores, e tudo isso a partir de uma iniciativa organizada para captura e gestão de ideias. Todo negócio possui uma fonte rica e abundante de criatividade disponível neste exato momento, no entanto, por que as empresas não conseguem acessá-la?

---

[16] THOMAS Edison. Revista Super Interessante, 31 out. 2016. Disponível em: https://super.abril.com.br/historia/thomas-edison/. Acesso em: 26 ago. 2020.

Nilofer Merchant acredita que essa dificuldade é resultado da crença em alguns mitos.[17] Entre eles, os dois principais são:

❶ **Nem todo mundo pode ser criativo** → Existe um profissional da criatividade? O que observamos é um comportamento contrário, ou seja, a criatividade vem de curiosos. Observe os fundadores do Airbnb, do Facebook e da Uber. Nenhum deles era especialista em criatividade; eles eram extremamente curiosos e obcecados em resolver o problema dos seus clientes.

❷ **Processo mata a criatividade** → O processo por si só não mata a criatividade, mas um processo quebrado, sim. O bom processo esclarece o desafio, o problema a ser resolvido, o tempo e os recursos disponíveis, deixando o "como" e a "forma" abertos. O processo quebrado é, por vezes, confuso, está desalinhado com a estratégia da empresa, sem foco ou recurso disponível. Isso acontece em lugares em que a opinião é suprimida e o espaço para errar é pequeno.

A liderança que deseja abraçar um programa de ideias como parte importante do seu motor de inovação precisa derrubar e eliminar as barreiras para a criatividade e acreditar no poder que a colaboração estruturada tem.

[17] MERCHANT, N. Your Employees Have All the Creativity You Need. Let Them Prove It. Harvard Business Review, 1 nov. 2019. Disponível em: https://hbr.org/2019/11/your-employees-have-all-the-creativity-you-need-let-them-prove-it+&cd=2&hl=en&ct=clnk&gl=br. Acesso em: 26 ago. 2020.

O ARQUÉTIPO INOVADOR, META E HODÓS

Como eu encontro pessoas inovadoras na minha organização? E como posso me tornar mais inovador? A partir destes questionamentos, Jeff Dyer, Hal Gregersen e Clayton M. Christensen colaboraram para um estudo com centenas de inventores, fundadores de empresas de sucesso e 5 mil executivos em mais de 75 países por oito anos. O estudo foi publicado no livro *DNA do Inovador*[18] e relata que existem cinco competências de descoberta sistematizadas por trás da criatividade e da inovação. Mais do que pensar diferente, o inovador faz e age diferente.

Estas competências são:

Associar

1 O pensamento associativo encontra ligações entre problemas, questões e ideias que não têm relação entre si, gerando novas informações. Por exemplo, na cidade holandesa de Bodegraven existem semáforos no chão, porque os pedestres, na maioria das vezes, estão olhando para seus telefones enquanto caminham.[19] Isto ilustra a conexão entre campos da eletrônica, engenharia e tecnologia da informação com arte visual, comportamento e psicologia.

[18] DYER, J.; GREGERSEN, H. e CHRISTENSEN, C. M. **DNA do Inovador**: Dominador as 5 Habilidades dos Inovadores de Ruptura. São Paulo: HSM Management, 2012.

[19] PAVEMENT lights guide "smartphone zombies". **BBC News**, 16 fev. 2017. Disponível em: https://www.bbc.com/news/technology-38992653. Acesso em: 26 ago. 2020.

Questionar

2 Inovadores adoram fazer perguntas, e muitas. Algumas delas são tão básicas que beiram o comportamento de iniciante, mas é exatamente este o objetivo, garantir que absolutamente tudo foi levado em consideração. Por que as coisas são do jeito que são? Por que foram concebidas assim? Quais crenças limitantes estão presentes? Por trás desta curiosidade, está a necessidade de descobrir novos caminhos, possibilidades, ligações e compreensões profundas. Inovadores não têm medo de questionar o sistema e o *status quo*, e muitas vezes são conhecidos como provocativos. Exploram com frequência por quê? Por que não? E se? Niklas Zennström e Janus Friis, fundadores do Skype, são um exemplo de questionadores. Sabendo que teriam que ter uma infraestrutura robusta de computação para suportar o serviço de mensagem, eles se perguntaram: "E se nós utilizarmos a infraestrutura dos nossos clientes ao invés de ter um *datacenter*?". Foi dessa maneira que o Skype passou a utilizar o poder de processamento dos computadores das pessoas que tinham o software instalado para suportar a operação com custo marginal zero. Essa história está registrada no livro *Niklas Zennström and Skype (Internet Biographies)*, de Jason Porterfield.[20]

Observar

3 De maneira intencional, consistente e cuidadosa, os inovadores observam o que está a sua volta. Tudo é capturado. Clientes, produtos, fornecedores, empresas, tendências,

[20] PORTERFIELD, J. **Niklas Zennström and Skype** (Internet Biographies). Nova York: Rosen Pub Group, 2013.

mercado, tecnologia, relacionamentos, tudo vira fonte para ideias. A *fintech* Zeropaper, que foi adquirida no Brasil pela empresa norte-americana Intuit em 2015,[21] surgiu quando os fundadores observaram que, apesar do número de softwares de gestão financeira disponíveis, as pequenas e médias empresas ainda continuavam utilizando o Excel.

Networking

4 **Além do *networking* pessoal e para levantar fundos financeiros, inovadores buscam sua rede de contatos como uma ferramenta de coleta, avaliação, conexão e validação de ideias. Por exemplo, o ponto de virada do Instagram veio quando Kevin Systrom, idealizador e cofundador, foi a uma festa da startup Hunch, que fica no Vale do Silício.[22] Nesta festa, ele encontrou o pessoal da Baseline Ventures e Andreessen Horowitz, recebeu feedbacks e conseguiu marcar um café, o que mais tarde levou a um investimento de 500 mil dólares no Instagram. A empresa foi comprada pelo Facebook por 1 bilhão de dólares.[23] Note que Kevin não foi à festa com intuito de levantar dinheiro, foi o *networking* que deu origem ao investimento.**

[21] BRIGATTO, G. Zeropaper, startup brasileira, é comprada pela Intuit, dos EUA. **Valor Econômico**, 21 jan. 2015. Disponível em: https://valor.globo.com/empresas/noticia/2015/01/21/zeropaper-startup-brasileira-e-comprada-pela-intuit-dos-eua.ghtml. Acesso em: 26 ago. 2020.

[22] BLYSTONE, Y. The Story of Instagram: The Rise of the #1 Photo-Sharing Application. **Investopedia**, 6 jun. 2020. Disponível em: https://www.investopedia.com/articles/investing/102615/story-instagram-rise-1-photo0sharing-app.asp. Acesso em: 26 ago. 2020.

[23] RUSLI, E. M. Facebook Buys Instagram for $1 Billion. **The New York Times**, 9 abr. 2012. Disponível em: https://dealbook.nytimes.com/2012/04/09/facebook-buys-instagram-for-1-billion/. Acesso em: 26 ago. 2020.

5 Os inovadores experimentam muito por meio de protótipos e pilotos. Eles falham muito também, é claro, mas o que importa é o processo de aprendizado e repertório criado nestas experiências. Não há como criar coisas novas e grandes ideias operando no campo da obviedade. Costumamos falar que é preciso pensar fora da caixa. Os inovadores não só pensam fora da caixa como experimentam. Um bom exemplo de experimentação é a Amazon. Eles lançam muitos produtos, mas também desligam outros vários. Em uma busca por produtos que falharam, você irá encontrar exemplos como o Fire Phone, Amazon Destinations, Amazon Wallet, Music Importer, Amazon WebPay e Askville.[24] Mas, ainda assim, a Amazon é um sucesso. O segredo está na experimentação.

Estas competências combinadas levam ao modelo do DNA do inovador que pode ser encontrado no livro *DNA do Inovador*, de Jeff Dyer, Clayton M. Christensen e Hal Gregersen.

[24] BORISON, R. Here are 10 of Amazon's biggest failures. **The Street**, 13 nov. 2015. Disponível em: https://www.thestreet.com/investing/stocks/here-are-10-of-amazon-s-biggest-failures-13364106. Acesso em: 10 set. 2020.

O modelo do DNA do inovador para gerar ideias novas

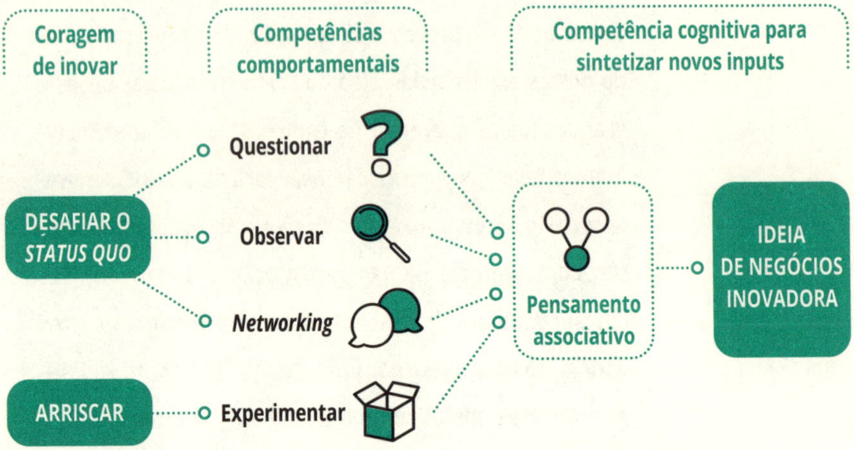

Coragem de inovar

Competências comportamentais

Competência cognitiva para sintetizar novos inputs

DESAFIAR O *STATUS QUO*

Questionar

Observar

Networking

ARRISCAR

Experimentar

Pensamento associativo

IDEIA DE NEGÓCIOS INOVADORA

O mito do gênio criativo precisa ser desmistificado. Qualquer profissional pode se tornar um excelente gerador de ideias para a organização. Inovação e criatividade são o resultado da escolha consciente do comportamento curioso, que, uma vez colocado em prática, possibilita o aumento da confiança na capacidade de criar e experimentar.

Entre 2014 e 2016, um estudo feito em 28 empresas públicas revelou que quanto mais ideias eram geradas, mais rápido as empresas cresciam.[25] Há uma correlação da taxa de ideação com crescimento da receita ou lucro. É claro que não se trata apenas de uma questão de volume de ideias, mas também de design organizacional das empresas, incluindo a cultura.

[25] MINOR, D. Are Innovative Companies More Profitable?. **Sloan Review**, 28 dez. 2017. Disponível em: https://sloanreview.mit.edu/article/are-innovative-companies-more-profitable/. Acesso em: 2 out. 2020.

Ao longo dos anos, rodando centenas de programas corporativos para intraempreendedores e ajudando executivos a configurarem suas empresas para favorecer a inovação, criamos um método que representa a arquitetura ideal da geração de ideias. Mas o que é um método? De acordo com Vicente Falconi, em seu livro *O verdadeiro poder*, método é a junção das palavras "meta" e "hodós". "Meta" significa "resultado a ser atingido" e "hodós", "caminho". Logo, método é o "caminho para o resultado". Ele diz:

> ***"Ora, se gerenciar é perseguir resultados, não existe gerenciamento sem método. O método é então a essência do gerenciamento. Gestão é método."***[26]

Portanto, como método é algo fundamental, nós desenvolvemos nosso próprio método para fazer gestão de ideias, que se chama IDEIAS e segue esta estrutura:

I nteração
D esafios
E strutura
I deias
A valiação
S eleção

[26] FALCONI, V. O verdadeiro poder. São Paulo: Falconi Editora, 2009. Cap. 2-2.3. E-book.

Estas são as peças-chave para dar fluidez ao processo criativo, da ideia à sua execução, do zero ao caminho para o resultado real e para o impacto financeiro. A seguir, apresentamos o método passo a passo para que você possa colocá-lo em prática no seu time ou na sua empresa.

O MÉTODO DE GESTÃO DE IDEIAS

Apesar de parecer simples, capturar ideias é um processo que envolve múltiplas reflexões, estratégias, definições e ações. E nós vamos guiá-lo nesse caminho. A próxima imagem servirá como suporte para você entender em qual momento da aplicação estamos.

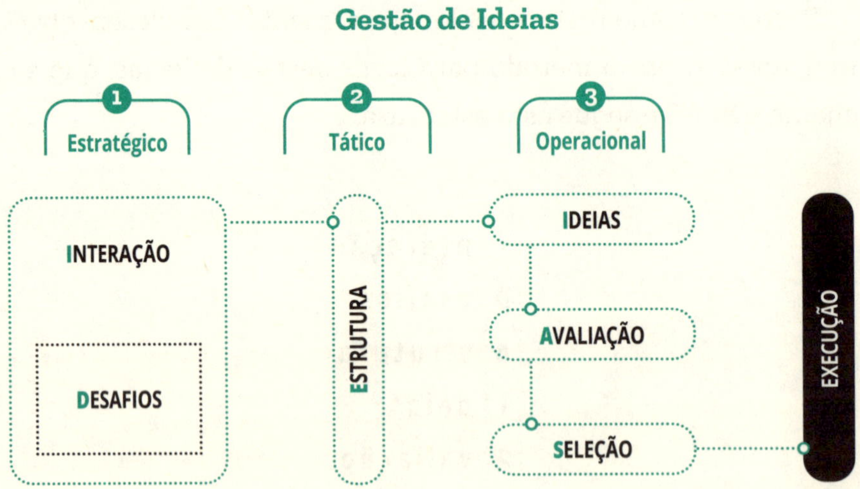

Gestão de Ideias

1 Estratégico
2 Tático
3 Operacional

INTERAÇÃO
DESAFIOS
ESTRUTURA
IDEIAS
AVALIAÇÃO
SELEÇÃO
EXECUÇÃO

O método IDEIAS é dividido em três grandes blocos que podem ser vistos na parte superior da imagem anterior:

Bloco ❶ Pilar estratégico → Os elementos **interação** e **desafios** respondem, juntos, perguntas importantes, como “Por que?”, “Onde?” e “No que a empresa deve idear?”.

Bloco ❷ Pilar tático → Define em qual **estrutura** organizacional o programa de ideias deve ser aplicado, podendo ser interna ou externa.

Bloco ❸ Pilar operacional → Os elementos **ideias**, **avaliação** e **seleção** são executados sequencialmente para entregar o objetivo estratégico do programa de ideias.

BLOCO 1: PILAR ESTRATÉGICO

Passo 1: I de Interação

Nesta fase de planejamento estratégico, a liderança precisa definir em qual arena vai jogar e com quem. Chamamos isso de interação no nível do negócio e relacionamento. Mas, antes de mergulhar nesse primeiro passo, é fundamental ter em mãos as teses de inovação definidas na fase de planejamento da inovação no *framework* transformação radical. Elas serão como um filtro para nós, selecionando as ações que de fato se conectam com a visão estratégica geral da companhia. Se você não sabe ou não tem teses, recomendo que visite o capítulo de Gestão da Inovação, em que conceituamos o que são teses e também trazemos alguns exemplos para você se inspirar. Com as teses em mãos, é hora de definir seu grau

O MITO DO GÊNIO CRIATIVO PRECISA SER DESMISTIFICADO.

QUALQUER PROFISSIONAL PODE SE TORNAR UM EXCELENTE GERADOR DE IDEIAS PARA A ORGANIZAÇÃO.

de interação no nível de negócio e relacionamento. Para isso, vamos às definições:

	INTERAÇÃO NO NÍVEL DO NEGÓCIO	INTERAÇÃO NO NÍVEL DE RELACIONAMENTO
INTERNO	Busca ideias para melhorar produtos atuais, abrir novos canais de vendas e aumentar a eficiência operacional.	Conta com colaboradores para ideação e inovação. São recursos prontamente disponíveis dentro de casa.
EXTERNO	Busca ideias para novos produtos em mercados que já atua ou cria novos produtos para novos mercados (inovação em modelo de negócio).	As ideias e a colaboração vêm de clientes, parceiros, fornecedores, universidades, centros de pesquisas etc. São recursos que ficam fora da organização. (Veja também o capítulo sobre inovação aberta)

1. Interação no nível do negócio

A escolha da operação no nível interno ou externo do negócio depende da tática do jogo. Existem três opções: jogar no ataque, se defender ou até mesmo permanecer neutro, sem fazer nada. No fim das contas, esta decisão é avaliada em cima do modelo de negócio e da dinâmica de mercado. Pense da seguinte forma: se o modelo está indo muito bem, com pouca concorrência e gerando crescimento, ser agressivo no mercado é a melhor alternativa. Caso contrário, se o modelo estiver sob ameaça e reduzindo o mercado de atuação, se defender é a prioridade.

JOGANDO NO ATAQUE

As empresas que jogam no ataque criam novos produtos e buscam novos mercados ao mesmo tempo em que melhoram seus produtos e processos existentes. Nós diríamos que este é o melhor dos mundos. Isso quer dizer que a sua empresa, de alguma maneira, está gerando caixa suficiente para atualização dos produtos atuais e ainda consegue trabalhar novos horizontes de inovação. Significa também que a sua empresa não sofre ameaça iminente de mercado. Na verdade, você é quem "disrupta" o mercado.

Então, quer dizer que eu preciso de caixa para inovar no ataque? Sim e não. Na verdade, historicamente, a escassez de recursos eleva ainda mais o nível de criatividade, mas, por outro lado, ficará difícil dar escala sem os recursos financeiros apropriados, especialmente em casos de novos negócios. As startups são um excelente exemplo disso; sempre jogam no ataque, mas com restrições financeiras. É por isso que, dentre as vinte causas de morte de startups, a falta de dinheiro vem em segundo lugar.[27]

Nós diríamos que a decisão é uma razão do recurso pelo tempo. Por quanto tempo você consegue investir na construção de algo até levar ao mercado sem que entrem novas receitas? Outro ponto negativo em inovar com caixa muito restrito é que as

[27] THE TOP 20 Reasons Startups Fail. **CB Insights**, 6 nov. 2019. Disponível em: https://www.cbinsights.com/research/startup-failure-reasons-top/. Acesso em: 26 ago. 2020.

decisões vão mirar o curto prazo ao invés do longo, orientando a tomada de decisões que privilegiam a geração de caixa em detrimento do cliente.

Um exemplo de empresa jogando no ataque constantemente é a Magalu, que não se limita ao varejo apenas e está constantemente expandindo seu mercado. Em 2019, lançou uma plataforma de pagamentos inspirada pela Tencent e Alibaba[28] e está constantemente buscando novas formas de inovar.

JOGANDO NA DEFESA

Do outro lado, existem as empresas que precisam jogar na defesa. Neste caso, seu caixa está ameaçado e startups ou entrantes no mercado estão tomando os seus clientes. Uma adequação rápida é necessária para conter um colapso. De acordo com a ACE Innovation Survey 2019, 70% das empresas brasileiras estão sofrendo disrupção.[29] A jogada na defesa significa replicar o que o concorrente está fazendo e o mercado está vendo como novo diferencial ou criar uma resposta ainda melhor à ameaça.

Em 2017, os taxistas de São José dos Campos lançaram um aplicativo com desconto para concorrer com a Uber.[30] Em 2018,

[28] BAHNEMANN, W. Inspirada em Alibaba e Tencent, Magazine Luiza lança empresa de pagamentos. **O Estado de S.Paulo**, 13 dez. 2019. Disponível em: https://economia.estadao.com.br/noticias/geral,inspirada-em-alibaba-e-tencent-magazine-luiza-lanca-empresa-de-pagamentos,70003125349. Acesso em: 26 ago. 2020.

[29] SAGRADI, R. 70% das Empresas estão sofrendo algum tipo de disrupção. **ACE Startups**, 16 ago. 2019. Disponível em: https://acestartups.com.br/empresas-sofrendo-disrupcao/. Acesso em: 10 set. 2020.

[30] MOTTA, C. Para concorrer com Uber, taxistas lançam aplicativo e dão descontos. **G1**, 7 mar. 2017. Disponível em: http://g1.globo.com/sp/vale-do-paraiba-regiao/noticia/2017/03/para-concorrer-com-uber-taxistas-lancam-aplicativo-e-dao-descontos.html. Acesso em: 10 set. 2020.

o Itaú lançou um cartão de crédito sem taxa de anuidade para compras nacionais e internacionais para combater o Nubank.[31]

Estes são apenas alguns exemplos de estratégias de defesa e suas aplicações nos mercados que conhecemos.

2. Interação no nível de relacionamento

As ideias geradas podem vir de diferentes públicos/áreas da empresa. A definição de público e áreas elegíveis a participarem da geração de ideias vem da análise de um conjunto de variáveis, como tempo disponível, nível de habilidade, orçamento, risco, cultura, processos, entre outras. Para empresas que jogam no ataque, por exemplo, parcerias com universidades e centros de pesquisa podem representar ganho de velocidade e expertise profunda. Porém, isso exige orçamento, processo apropriado e tempo. No capítulo sobre inovação aberta, abordamos diversas possibilidades nesse sentido.

Veja a seguir os pontos positivos e negativos do trabalho com público interno ou externo.

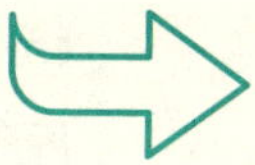

[31] CONCORRENTE do Nubank, Itaú lança cartão de crédito sem taxa para compras internacionais. **Época Negócios Online**, 11 mai. 2108. Disponível em: https://epocanegocios.globo.com/Empresa/noticia/2018/05/concorrente-do-nubank-itau-lanca-cartao-de-credito-sem-taxa-para-compras-internacionais.html. Acesso em: 10 set. 2020.

	INTERNO: COLABORADORES	EXTERNO: CLIENTES, PARCEIROS, FORNECEDORES, UNIVERSIDADES, CENTROS DE PESQUISAS E OUTRAS EMPRESAS
POSITIVO	Baixo investimento (no geral, mas isso depende de cada projeto).	Expertise.
	Encaixe cultural.	Velocidade.
	Clareza de processos e da relação de trabalho.	Risco e incerteza sobre o "como fazer" reduzidos.
	Comunicação e contexto.	Multidisciplinaridade.
NEGATIVO	Expertise (por vezes, a expertise está fora da empresa).	Incompatibilidade de cultura (sua empresa com outra).
	Velocidade (a inovação vai competir com o dia a dia da empresa se não for configurada da maneira correta. Veja mais no capítulo sobre execução de projetos).	Orçamento. Embora inovar com parceiros externos implique em investimento financeiro, o mesmo pode trazer retornos positivos desproporcionais. Este item está na coluna negativo para ilustrar o cuidado necessário em se trabalhar com escopo e resultados esperados bem definidos. Não queremos que o orçamento seja insuficiente para o trabalho em questão. Portanto, escolher um parceiro de confiança e de resultados comprovados é fundamental.
	Cultura (embora possa ser um ponto positivo, a cultura também pode ser negativa se não favorecer a inovação).	Articulação com outros agentes pode tomar muito tempo na gestão e comunicação, além de, claro, alinhamento de interesses.

Chegar à conclusão de qual nível de relacionamento (interno ou externo) é um trabalho que exige bastante alinhamento. Reforçamos novamente a necessidade de as decisões desta fase estarem alinhadas com as teses de inovação da empresa, que são os balizadores e direcionadores estratégicos, para que depois as ideias geradas a partir disso não morram, causando frustração em todos os lados.

Por fim, a combinação entre interno e externo nos leva a quatro possibilidades de atuação, que podemos resumir nestes **perfis**:

1. **Engenheiro → A empresa que foca eficiência operacional, canais e produtos existentes. Precisam ser bons no que fazem.**

2. **Herói → Contam com o relacionamento externo (o herói) para resolver problemas nos produtos/canais atuais.**

3. **Sonhador → A empresa busca novas oportunidades com o conhecimento que tem em casa.**

4. **Visionário → A empresa busca o que não é óbvio, conectando novos pontos, buscando novos produtos e mercados com conhecimento fora da empresa.**

A empresa não precisa escolher um perfil apenas; na verdade, ela pode combinar e atuar simultaneamente em vários deles. A imagem a seguir ilustra as combinações possíveis:

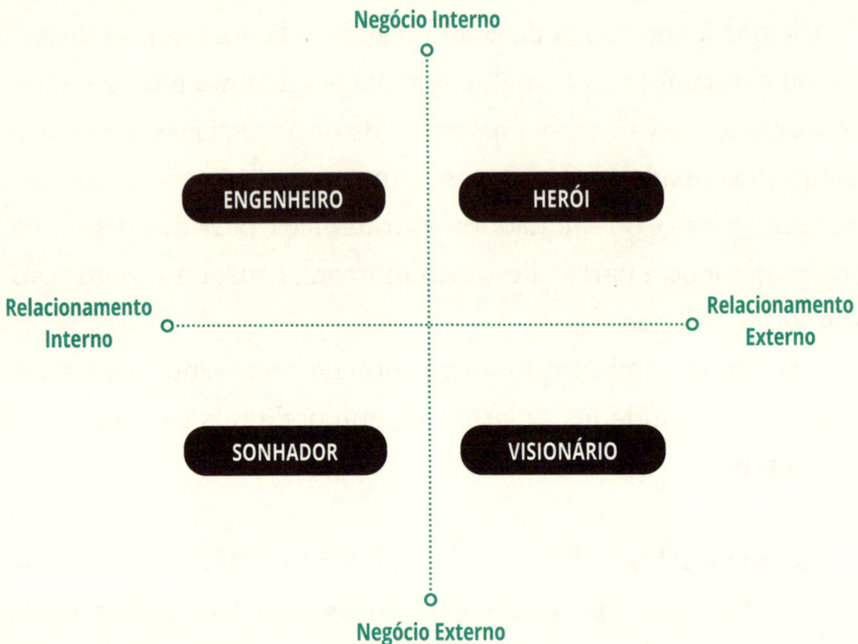

E quando juntamos todas as informações e conectamos todas as pontas, temos o seguinte:

1 Acesse quais são as teses de inovação atuais da empresa (veja o capítulo de Gestão da Inovação no tópico Planejamento da Inovação para saber mais sobre teses). Elas servirão como filtro para as definições dos níveis de interação. Imagine, por exemplo, que uma empresa tenha a seguinte tese: novas fontes de receita oriundas de novos produtos digitais. Neste caso, dado a prioridade em novos produtos, as inovações com nível interno de interação (eficiência operacional e melhoria de produtos atuais) deveriam perder prioridade.

2 Defina o grau de interação no nível do negócio. Por exemplo, na pandemia da covid-19, muitos estabelecimentos escolheram a internet como um novo canal de vendas, já que as vendas presenciais foram, em muitos dos casos, reduzidas. Esta escolha se deu, principalmente, porque criar novos produtos inclui recursos, sejam financeiros ou humanos, que estas empresas não tinham. Portanto, explorar novos canais foi a atitude sensata para os negócios.

3 Defina o grau de interação no nível do relacionamento. Por exemplo, trabalhar com startups para resolver desafios de eficiência operacional pode ser uma boa ideia para deixar seus colaboradores focados em objetivos e metas principais da empresa ao mesmo tempo em que melhora continuamente atividades importantes para uma entrega de qualidade.

Um possível exemplo de resultado final desta etapa seria: "Nossa empresa vai buscar novas fontes de receita por meio de novos produtos digitais, com ideias vindas de nossos colaboradores, fornecedores e parceiros atuais de negócio (claro, considerando a necessidade do cliente no centro)".

Chegamos ao fim do Passo 1. Agora, é preciso transformar essa visão estratégica em algo mais acionável. É preciso dar voz à visão que a empresa deseja perseguir. Este é o tema e o objetivo do Passo 2.

Passo 2: D de Desafio

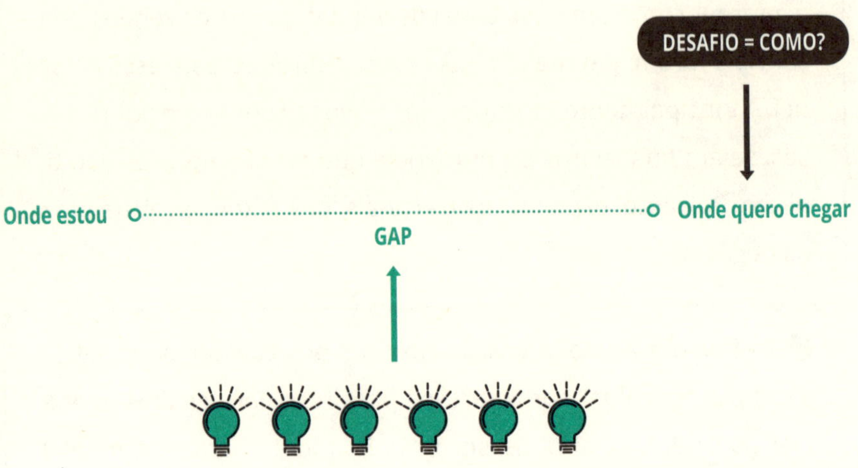

O Passo 1 nos deu clareza, a razão e o lugar para buscar as ideias. Agora, precisamos de um meio para capturá-las. Para isso, temos que aprender a escrever e formatar esta busca em forma de desafio. Sem sombra de dúvidas, esta é uma das partes mais importantes e é a etapa na qual apenas um erro pode fazer com que tudo o que será coletado de ideias seja em vão. Para termos um desafio bem escrito, precisamos pensá-lo pelas perspectiva de três pontos:

1. **Objetivo → Este desafio deve ser conciso, claro e específico.**

2. **Temporal → Aqui, estamos falando sobre o prazo, ou seja, quando este desafio precisa estar resolvido?**

❸ Estratégico → Neste tópico, estamos nos referindo ao desafio que precisa mover o ponteiro estratégico da empresa, isto é, estar ligado a uma tese, de maneira que seja relevante e motivacional. O desafio estratégico está conectado com o Passo 1, quando definimos a interação no nível do negócio e do relacionamento.

Veja a seguir um exemplo que utiliza os três pontos imprescindíveis de um desafio:

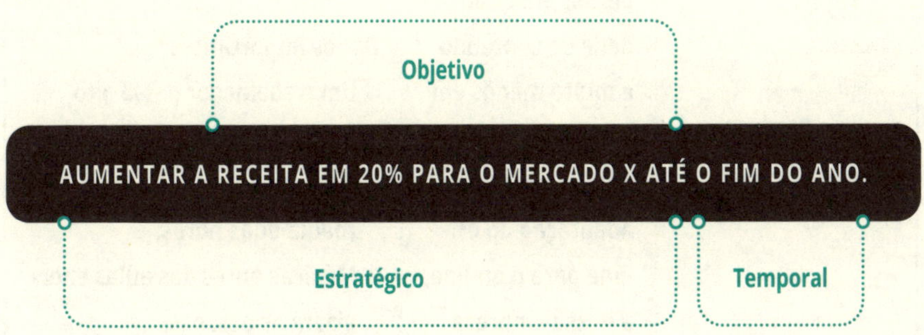

Este exemplo nos mostra como podemos trazer ideias de desafios utilizando pontos objetivos, estratégicos e temporais. Outro passo imprescindível é fazer com que o desafio venha acompanhado de instruções específicas sobre qual é o ponto de observação correto, ou então sobre o que chamamos de contextualização. Por fim, dados e referências se juntam para dar ainda mais profundidade sobre a problemática a ser resolvida.

Assim, a próxima tabela mostra a publicação de um desafio na prática.

DESAFIO	CONTEXTO	DADOS E REFERÊNCIAS
Como podemos entregar uma experiência de ensino on-line próxima a uma sala de aula física nos próximos quinze dias?	A pandemia impôs uma nova forma de trabalho à distância. Nosso curso precisa se adaptar a uma nova realidade, o ensino 100% on-line. Os alunos não podem perder em qualidade de conteúdo e muito menos em experiência. Se não houver uma boa adaptação do off-line para o on-line, a nossa empresa perderá alunos e consequentemente poderá sofrer em faturamento.	Uma sala de aula física tem: → Quadro branco → Bilhetes adesivos, canetas e folhas → Discussão em grupo → Projeções → Computador → Música de entrada → Etc. Dados importantes: → Um trabalhador passa oito horas, em média, sentado. → O foco de um adulto dura em média duas horas. → Músicas antes das aulas energizam as pessoas. → Uma pessoa vai, em média, duas vezes ao banheiro durante a aula.

Seu desafio precisa imprimir senso de urgência, ação e ser motivacional. Quanto mais bem escrito e mais claro seu desafio, melhor a qualidade das ideias propostas no futuro. Hora de seguirmos para o próximo passo, que vai nos dizer qual é a estrutura ideal para publicar o desafio.

BLOCO 2 – PILAR TÁTICO

Passo 3: "E" de Estrutura

Com o desafio definido, você precisa escolher para quem mostrar e pedir ajuda. Chamamos este passo de definição da estrutura. É essencial acertar nessa escolha para receber ideias de melhor qualidade. Não faz sentido, por exemplo, pedir para que o departamento de marketing traga ideias para diminuição de custos no departamento de logística. Por outro lado, valeria a consideração do departamento de suprimentos. Existem cinco estruturas básicas que podemos trabalhar:

❶ **Toda a empresa →** Para desafios ligados a construção de cultura, benefícios, segurança, ou seja, questões que impactam todo o time de maneira muito direta, o envolvimento de toda a empresa pode ser interessante. Ao ter todos trabalhando no seu desafio, você terá um grande volume de ideias, embora elas possam ser mais genéricas. Então, saiba que precisará de um investimento maior de tempo para que todos tenham espaço para participar e você possa ajudá-los a não ficar tão superficiais. A vantagem de envolver a todos é poder medir o engajamento e ter a visão de todo o time sobre um mesmo debate.

❷ e ❸ **Unidade de negócio ou departamento →** Este modelo é indicado quando o desafio for algo bastante específico e processual. A profundidade e a qualidade das ideias costumam ser maior, porém você precisa se preocupar em gerar engajamento. Criar um ambiente onde há tempo e foco disponíveis para os participantes enviarem sugestões é imprescindível, principalmente em empresas com rotinas já sobrecarregadas.

❹ Interdepartamental → Por vezes, a colaboração entre unidades é o melhor caminho, pois proporciona diferentes perspectivas sobre um problema. Este modelo é recomendado para reestruturação de processos, lançamento e atualização de produtos e estratégias de entrada no mercado.

❺ Externa → Este modelo conta com parceiros externos para inovar. É recomendado quando não há habilidade dentro da empresa para desenvolvimento de um projeto, quando o desejo é reduzir riscos ou ainda ganhar velocidade de execução.

Os diagramas a seguir ilustram a conexão e relação destas estruturas:

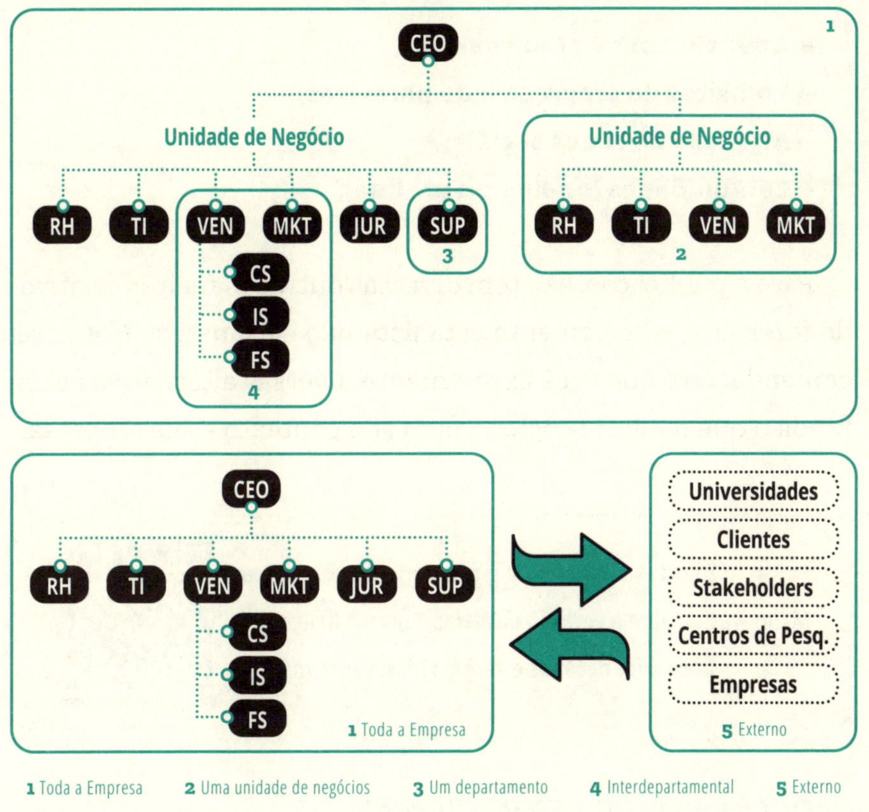

1 Toda a Empresa **2** Uma unidade de negócios **3** Um departamento **4** Interdepartamental **5** Externo

Certifique-se de implementar ações que garantam que todos os envolvidos, ou pelo menos a maioria, saibam sobre o desafio publicado para a estrutura em particular.

Deixamos algumas sugestões de como viabilizar a publicação:

→ **E-mail;**
→ **SMS e notificações em geral para celular;**
→ **Banner físico em salas, departamentos e áreas comuns;**
→ **Anúncio na intranet ou canal de comunicação digital da empresa;**

- → **Anúncio em TV e/ou eventos;**
- → **Websites da empresa e de parceiros;**
- → **Ativação de redes sociais;**
- → **Comunidades (on-line ou off-line).**

Para a publicação, existem diversas outras maneiras criativas de fazer isso, e certamente esta lista não é exaustiva. Nossa recomendação é que você experimente diversas alternativas e entenda o que melhor funciona para seu contexto e sua empresa.

A ACE Cortex disponibiliza gratuitamente o software Mynnovation para a geração de ideias. A partir dele, você pode criar desafios e gerenciá-los. Experimente!

BLOCO 3 – PILAR OPERACIONAL

Passo 4: "I" de Ideias

Hora de coletar as ideias! Nossas observações mostram que as melhores ideias seguem a seguinte fórmula:

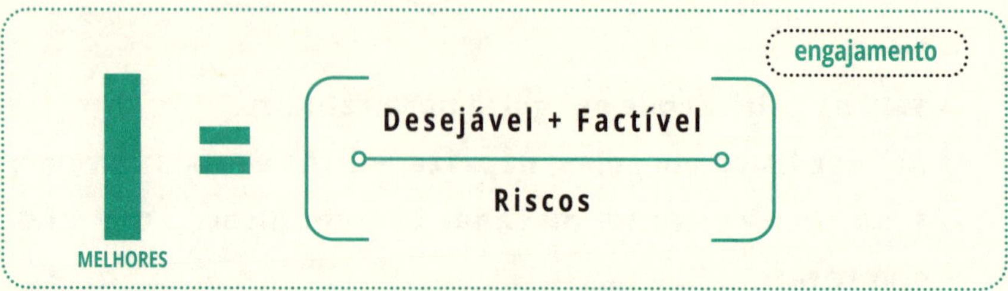

Quem sugere a ideia deve considerar a necessidade real da empresa, assim como a do cliente. Chamamos este aspecto de **desejável**. Outro aspecto importante é a viabilidade sob o ponto de vista financeiro, técnico e de capacidade de execução, que chamamos de **factível**. Nem sempre quem sugere terá a capacidade de análise de viabilidade, por isso envolvemos especialistas no processo. Do lado da empresa, avaliar os **riscos** também é fundamental. Por exemplo: riscos de segurança, de marca, de saúde psicológica, financeiros etc. Por fim, temos o **engajamento**, que diz respeito à necessidade de receber feedbacks para que a ideia possa ser melhorada.

Um exemplo prático desta equação em funcionamento é o **método kickbox** desenvolvido pela empresa de tecnologia Adobe e aperfeiçoado pela empresa europeia de telecomunicações Swisscom.[32] A metodologia envolve entregar uma caixa (sim, física!) vermelha para quem tem uma ideia de negócio. A caixa conta com um livro prático, explicando o passo a passo da validação de um problema; um cartão carregado com um valor de aproximadamente mil dólares para testes pequenos; uma carta motivacional do presidente e líderes da empresa; e acesso a uma comunidade de empresas que aplicam o mesmo método, a mentores e a uma plataforma on-line na qual o idealizador pode comprar serviços como design, informações jurídicas e tecnologia. Este conjunto de ações leva à melhoria contínua da ideia, à redução de riscos e ao engajamento.

---

[32] KICKBOX FOUNDATION. Disponível em: https://www.kickbox.org/. Acesso em: 10 set. 2020.

QUEM SUGERE A IDEIA DEVE CONSIDERAR A NECESSIDADE REAL DA EMPRESA, ASSIM COMO A DO CLIENTE.

O PROCESSO POR SI SÓ NÃO MATA A CRIATIVIDADE, MAS UM PROCESSO QUEBRADO, SIM.

Do ponto de vista de quem recebe as ideias, ou seja, da empresa, é necessário facilitar o envio dessas ideias e também alinhar incentivos para os participantes. A seguinte lista sugere algumas ferramentas para coletar ideias:

- → **E-mail;**
- → **Formulários on-line (Google Forms, Typeform, Microsoft Forms);**
- → **Caixa de sugestão física;**
- → **Softwares de gestão de ideias (a ACE disponibiliza o Mynnovation Ideas gratuitamente, conforme já mencionamos);**
- → **Reuniões.**

Costumamos ouvir que inovação é o resultado da soma da ideia com a execução. Será que é só isso? Nossa leitura mostra que os incentivos são parte importante em tudo isso e que fazem toda a diferença quando estamos nos referindo a este processo. A inovação na prática, portanto, pode ser exemplificada em uma pequena equação:

INOVAÇÃO NA PRÁTICA =
IDEIA + EXECUÇÃO + RESULTADO + INCENTIVOS/BONIFICAÇÕES

Neste caso, incentivo é parte importante do processo, porque perguntas como as que deixaremos a seguir são comuns, ainda que não expressadas verbalmente:

- **Se a minha ideia reduzir custos da empresa, eu ganho algo?**
- **Se a minha ideia aumentar o faturamento da empresa, eu ganho algo?**
- **O que eu ganho com isso? Visibilidade? Promoção? Aumento de salário?**

Em geral, as pessoas sentem a necessidade de ver suas ideias atreladas a possíveis resultados e/ou respostas objetivas para que possam criar. Assim, o incentivo é parte importante da cadeia e deve ser ponto fundamental no desenvolvimento e envolvimento das pessoas e empresas.

E quando estamos falando sobre prêmios e bonificações, já vimos empresas utilizarem ideias de maneiras muito criativas. Veja alguns exemplos a seguir:

Impacto na carteira

- **Compensação financeira por ideia submetida e/ou implementada;**
- **Parte do resultado financeiro: 10% sobre os resultados gerados pela ideia.**

Impacto na mente e/ou no coração

- **Experiência: viagem de três dias para a Disney com a família, dois dias no SPA, dez lavagens de carro;**
- **Presentes: uma garrafa de vinho especial;**
- **Presentes virtuais: um ano de assinatura Netflix para toda a família;**
- **Jantar com o presidente da empresa;**

- → Um treinamento ou evento muito especial no exterior;
- → Reconhecimento: anúncio em reuniões gerais da empresa, vaga especial na garagem, foto no *hall* da empresa, presença em evento com os principais líderes da empresa.

Portanto, recomendamos que os incentivos sejam aderentes à cultura da empresa e representem as virtudes por ela buscadas. Entretanto, vale considerar a possibilidade do próprio colaborador escolher seu incentivo ideal. Assim, será possível equilibrar as inúmeras expectativas de cada colaborador da organização. Isso irá trazer complexidade, mas, se for gerenciado de maneira padronizada e eficaz, vira uma vantagem competitiva imbatível.

Passo 5: A de Avaliação

Steve Jobs dizia que decidir o que não fazer é tão importante quanto decidir o que fazer.[33] O Passo 4 está repleto de ideias e agora é preciso avaliar quais a companhia deseja levar adiante. É preciso diligência para não deixar o viés inconsciente atrapalhar na avaliação. A premissa aqui é que toda ideia é boa até que seja invalidada. Não queremos perder ideias como a do Eric Yuan, fundador do software de videoconferência Zoom, que obteve crescimento exponencial durante a pandemia da

[33] ISAACSON, W. The real leadership lessons of Steve Jobs. **Harvard Business Review**, abr. 2012. Disponível em: https://hbr.org/2012/04/the-real-leadership-lessons-of-steve-jobs. Acesso em: 10 set. 2020.

covid-19. Em 2011, ele apresentou a ideia à Cisco Systems, mas não teve sucesso. Então, ele saiu da empresa e foi executar sua ideia. Em abril de 2020, a Zoom estava avaliada em 35 bilhões de dólares.[34]

Para evitar ao máximo desfechos como este, vamos utilizar a **análise triangular**, uma abordagem que leva em conta três pontos de vista diferentes sobre a qualidade da ideia que precisam concordar entre si. A sequência da análise é:

1 Teste binário → A ideia precisa passar em critérios básicos definidos no desafio, como encaixe no orçamento, tempo estimado de implementação, alinhamento com a tese, impacto potencial na receita ou custos, tamanho do mercado endereçável etc. O segredo é focar o corte básico para preparar a ideia para a análise do próximo passo, que seria receber o olhar do especialista. Aqui na ACE, por exemplo, quando selecionamos startups para a nossa plataforma digital de aceleração on-line, o corte básico, antes de qualquer análise mais detalhada, é: precisamos de pelo menos um sócio dedicado exclusivamente ao projeto; o produto precisa ter usuários e idealmente faturamento, ainda que pequeno, para demonstrar interesse por parte do mercado. Uma vez respondidas estas premissas, analisamos os demais dados da startup.

[34] CONHEÇA a história do criador da Zoom, que ganhou US$ 4 bilhões com a pandemia. **Pequenas Empresas Grandes Negócios**, 25 abr. 2020. Disponível em: https://revistapegn.globo.com/Startups/noticia/2020/04/coronavirus-conheca-historia-do-criador-da-zoom-que-ganhou-us-4-bilhoes-com-pandemia.html. Acesso em: 10 set. 2020.

❷ Análise do especialista → O objetivo desta etapa é criticar a ideia sob uma ótica de **viabilidade** (factível). É necessário envolver um ou mais especialistas (idealmente) da empresa para analisar o aspecto financeiro, técnico, de usabilidade e de negócio. Após esta análise, a linha executiva deverá ser capaz de julgar o potencial e o risco de cada ideia. Estes são alguns exemplos de perguntas que precisam ser respondidas por esta análise:

- **a.** É possível tirar, tecnicamente, a ideia do papel?
- **b.** Qual é o real esforço envolvido?
- **c.** A quais riscos estamos expostos, sejam financeiros, de marca etc.?
- **d.** Juridicamente, há algum impedimento?
- **e.** Temos recursos internos para seguir?
- **f.** Financeiramente, conseguimos financiar toda a jornada se for comprovado sucesso?

Voltando ao exemplo da ACE, algumas das startups que aprovamos para nossa plataforma digital de aceleração on-line são submetidas a uma análise de investimento. Neste caso, feita a análise binária por computador, colocamos dois especialistas no processo para avaliar o tamanho e o potencial daquele mercado nos próximos anos, projeções financeiras, qualidade do produto, perfil do empreendedor, crescimento da empresa, entre outras variáveis.

❸ Análise executiva → A ideia será criticada sob uma ótica executiva de **desejabilidade** (valor gerado ao cliente e/ou empresa). São levados em conta elementos como:

a. Valor para a marca (reconhecimento, alcance etc.);

b. Valor para a empresa (aumento do seu valor de mercado, lucro por ação, faturamento, Ebitda[35] etc.);

c. Posicionamento competitivo (participação de mercado, preferência dos consumidores etc.);

d. Adequação cultural;

e. Engajamento dos colaboradores;

f. Alavancagem operacional.

Para concluir, vamos retomar o exemplo da ACE, no qual temos as startups analisadas por computadores e especialistas, mas falta a visão executiva. Neste estágio, nossos executivos, fundadores e investidores nos ajudam a avaliar o potencial de saída (venda) daquela startup, velocidade de valorização do negócio, conexão com nossa tese de investimento, risco para o portfólio etc.

De forma ilustrativa, a análise triangular pode ser configurada assim:

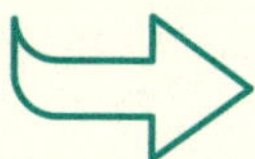

[35] Ebitda é a sigla em inglês para *Earnings Before Interest, Taxes, Depreciation and Amortization*, ou então, em português, lucros antes de juros, impostos, depreciação e amortização

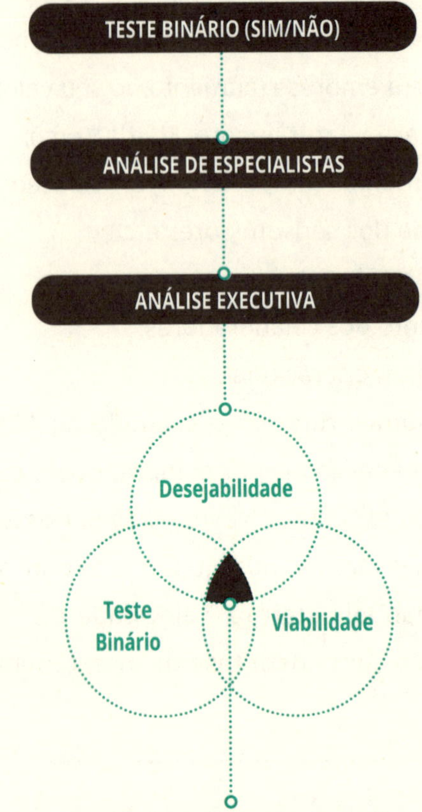

É fundamental que o responsável pela etapa da **análise triangular** tenha definido o tempo de análise de cada etapa. Por exemplo:

- **Teste binário é feito por computador, a resposta é imediata;**
- **Análise de especialistas será em uma janela de três semanas;**
- **Análise dos executivos será feita em quinze dias.**

Assim, perguntamos a você: qual é o tempo ideal? A resposta é: depende. Depende do tamanho e do processo de cada empresa. Nossas boas práticas mostram que as análises de especialistas e executivos, juntas, não devem levar mais de um mês. Além disso, o responsável deverá, como boa prática, treinar os especialistas e executivos em análise de ideias. Principalmente quanto ao viés inconsciente ou da predisposição em avaliar apenas aquilo de que gosta ou com que tem familiaridade. O treinamento deverá incluir o que analisar, como analisar e como estruturar as conclusões, seja de aprovação ou não.

Falando nisso, as ideias que não forem aprovadas devem receber feedback cuidadoso e completo, seja para incentivar a melhoria para que ela volte a ser analisada ou mesmo como um feedback final de não prosseguimento. Se esta fase for bem-feita, os próximos desafios lançados terão ideias bem melhores. Isso mostra que, aplicando a empatia, o colaborador separou tempo para pensar, estruturar e submeter a ideia. E, assim, temos aqui uma grande chance de melhorarmos o encantamento dos participantes pela empresa, bem como de aprimorar a cultura de inovação com feedbacks construtivos.

Para as ideias aprovadas, sugerimos que seja feito um treinamento de *pitch* (apresentação curta da ideia, com duração de cinco a sete minutos). A estrutura do treinamento deverá conter:

1. Sobre como apresentar:
   - **a.** Técnicas de controle da respiração;
   - **b.** Corpo (postura, rosto, gesto e movimento);

- **c.** Voz (dicção, volume, ritmo, ênfase e entonação);
- **d.** Qualidade e design da apresentação;
  - → Cuidado com cores;
  - → Cuidado com muitos dados em tabelas (opte por gráficos e grandes números);
- **e.** Controle emocional antes e durante a apresentação do *pitch*.

2 Sobre o conteúdo (o *pitch* propriamente dito deverá seguir esta sequência):

- **a.** Contextualização do problema (o desafio);
- **b.** Solução proposta (o insight único da ideia);
- **c.** Tamanho do mercado ou tamanho potencial da economia gerada;
- **d.** Diferencial competitivo;
- **e.** Modelo de negócio;
- **f.** Time (quem executa);
- **g.** Próximos passos (o que é necessário para seguir em frente?).

Após o treinamento, faça uma bateria de revisões e simulações da apresentação. Isso diminuirá o risco de imprevistos e fará com que o apresentador se sinta mais preparado na hora do *pitch*. Quando sentir que todos estão bem e prontos, seguimos para o grande dia da seleção, que nos leva ao Passo 6.

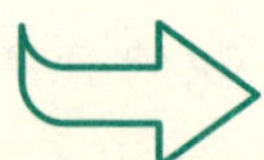

Passo 6: S de Seleção

Em 2014,[36] um estudo feito por Henning Piezunka e Linus Dahlander demonstrou que empresas que recebem um número enorme de ideias têm dificuldade no processo de seleção.[37] Isto ocorre por dois motivos. Primeiro, porque os gestores favorecem as ideias de quem eles conhecem. Segundo, porque as pessoas que fazem a seleção, normalmente não têm a capacidade de reconhecer o valor de uma ideia. E estes dois comportamentos resultam em escolhas de ideias inferiores.

Para evitar estes problemas, utilizamos uma combinação de três passos, que chamamos de **treinamento**, **método de seleção** e **comitês de seleção**.

❶ **Treinamento** → O objetivo será capacitar os gestores e membros do comitê de seleção em inovação. Nos projetos da ACE Cortex fazemos três treinamentos: Princípios da inovação radical (baseado no livro *A estratégia da inovação radical*), Métodos ágeis de desenvolvimento de projetos (veja mais sobre isso no Capítulo 4 – Execução de Projetos) e Avaliando projetos inovadores (método PERE de seleção que você verá logo a seguir).

[36] PIEZUNKA, H.; DAHLANDER, L. Distant Search, Narrow Attention: How Crowding Alters Organizations' Filtering of Suggestions in Crowdsourcing. **Academy of Management Journal**, Briarcliff Manor, vol. 58, nº. 3, 26 Jun 2014. Disponível em: https://journals.aom.org/doi/abs/10.5465/amj.2012.0458. Acesso em: 26 ago. 2020.

[37] DEICHMANN, D.; RODOPOULOU, V.; HOEVER, I. How to know wich ideas your company should pursue. **Harvard Business Review**, 23 jul. 2019. Disponível em: https://hbr.org/2019/07/how-to-know-which-ideas-your-company-should-pursue. Acesso em: 26 ago. 2020.

❷ **Método de seleção →** Método que equaliza os critérios de avaliação entre todos.

❸ **Comitês de seleção →** Feito para evitar o viés da confirmação individual, que visa encontrar informações que confirmem suas crenças e aumentar a capacidade de análise e crítica do grupo. Participam deste comitê, no cenário ideal, o presidente da empresa, o corpo executivo e lideranças importantes de cada unidade e/ou departamento.

Você vai perceber que o processo de seleção é um desafio, porque aprovar um projeto significa não dar espaço para outra oportunidade. Por isso, queremos garantir que tenhamos o melhor processo possível, levando em consideração diferentes visões, perspectivas e experiência. O método PERE endereça bem estes pontos.

O MÉTODO DE SELEÇÃO PERE

PERE é um acrônimo para **Potencial**, **Esforço**, **Risco** e **Experiência**. O método PERE coloca em perspectiva estes critérios baseado em um sistema de notas e torna-se uma ferramenta de apreciação de aspectos importantes para que você possa aumentar ou diminuir a nota da avaliação da seleção. Como se percebe, estes critérios são abertos e podem gerar ambiguidade se os levarmos adiante sem uma definição clara do que significam. Nossa experiência mostra que empresas distintas dão significados diferentes para cada critério. Seguem agora alguns exemplos de definições:

Potencial → Aumento de receita, redução de custo, crescimento da base (participação de mercado), valor da empresa. Quanto maior o potencial, maior a nota.

Risco → Se implementado, quais são os riscos de marca, imagem, negócio, tecnológico, jurídico etc. Quanto maior o risco, menor a nota.

Esforço → Pessoas (quantidade e competências), tempo, tecnologia, investimento. Quanto maior o esforço, menor a nota.

Experiência → Experiência pessoal, sexto sentido, contexto reputacional da pessoa que deu a ideia, impacto socioambiental... Quanto maior a nota de experiência, melhor.

Em relação às notas, recomendamos utilizar os números de 1 a 4. A empresa pode optar por considerar outra ordem de números, como 1 a 10, por exemplo. Porém, nossa experiência nos mostra que fica muito difícil distinguir a diferença entre 3 e 4, 6 e 7, 8 e 9 etc. quando se tem uma variação tão extensa. Portanto, quanto menor a variação dos números para votar, melhor será a precisão da justificativa.

Esta tabela demonstra o passo a passo para rodar o método no comitê.

PASSO	ATIVIDADE
1	Os participantes do programa de ideias fazem os *pitches*.
2	Após o encerramento de cada *pitch* (alternativa mais recomendável, pois normalmente o assunto ainda está fresco) ou de todos os *pitches*, o comitê abre a votação. Cada membro do comitê, anonimamente, vai avaliar cada *pitch* sob os critérios PERE, pontuando da maneira que achar pertinente. Vale ressaltar que tudo se faz de maneira silenciosa, sem justificativas.
3	Uma pessoa ou sistema coleta estas votações individuais e faz a média total por critério. (Veja a figura Notas de 1 a 4)
4	(Opcional) As notas individuais mais baixas ou altas são reveladas para que a pessoa que apresentou o projeto possa colocar seu ponto de vista para ser debatido. Caso alguém mude de opinião, as notas deverão ser reajustadas de acordo.
5	Uma pessoa ou sistema faz a soma total da média das notas por critério. (Veja a coluna Total da figura Notas de 1 a 4)
6	Uma pessoa ou sistema filtra as maiores notas totais por ideia.
7	O comitê delibera qual a linha de corte mínima da média total e, portanto, as ideias acima da linha de corte serão as escolhidas para execução.

O PRÓXIMO PASSO

Excelentes ideias foram capturadas neste processo pelo qual passamos nas últimas páginas. Para ajudar você a não se esquecer de nenhum detalhe, fizemos um resumo do conteúdo geral até agora:

1. **Fizemos o alinhamento estratégico do que a empresa busca e por que;**
2. **Compartilhamos os desafios da empresa;**
3. **Recebemos diversas ideias;**
4. **Avaliamos e selecionamos as melhores ideias.**

O próximo passo é escolher o time ideal para execução. Aqui é onde o jogo duro começa, pois veremos uma sequência de falhas e coisas que não darão certo. E está tudo bem, é unânime o entendimento de que, para atingir o sucesso, o fracasso deve fazer parte do processo. Mas há momentos em que não faz sentido celebrar o fracasso, o erro na escolha do time para execução. O próximo capítulo é dedicado a Execução do Projeto. Vamos nessa! •

UMA IDEIA SEM EXECUÇÃO NÃO VALE MUITO. MAS, MESMO QUE 99% SEJA TRABALHO DURO, AINDA PRECISAMOS DE 1% DE INSPIRAÇÃO.

Capítulo 4

EXECUÇÃO DE PROJETOS

DA TEORIA À PRÁTICA

Começar um novo negócio, seja dentro ou fora da empresa, sempre será um desafio. Existem inúmeras complexidades nesse processo, variáveis que se comportam de maneiras diferentes e que necessitam de metodologias, princípios, competências, liderança, comunicação e outros fatores que impactam diretamente nos resultados.

A XP Investimentos é, sem dúvida, uma das empresas que têm se destacado na inovação e criação de novos negócios no Brasil.[38] Um bom exemplo de criação de negócios é a XP Seguros, startup de seguros criada em 2018 pela empresa com o objetivo de levar ao seu consumidor produtos e serviços relacionados à previdência privada. No início da jornada, houve um trabalho intenso de escuta na base de seguradoras parceiras, e alguns problemas importantes dos investidores pessoa física foram esclarecidos:

1. 91% dos planos de previdência privada se concentram nos grandes bancos, em que as taxas de administração são comumente reconhecidas por serem altas.

2. A média mensal de rentabilidade dos fundos de previdência de renda fixa, durante o período de estudo, foi de 96% em relação ao índice CDI, o que caracteriza performance abaixo da média e, consequentemente, baixo retorno para os investidores.

[38] TEIXEIRA, R. (sócio da XP Investimentos). [Entrevista concedida a] Pedro Waengertner, Sulivan Santiago e Victor Navarrete em 9 jun. 2020.

3 83,8% do patrimônio dos fundos de previdência privada se concentravam em renda fixa, ou seja, com uma baixa taxa de diversificação dos investimentos.

4 A reforma da previdência, que na época era pauta constante na mídia e que depois foi aprovada, era um tema que assustava os investidores e os fazia procurar por soluções privadas melhores no mercado.

5 O decrescimento da taxa de juros no Brasil tornava novas classes de investimentos mais atrativas no mercado por terem maior rentabilidade do que ativos de renda fixa.

Com um time de cinco pessoas cuidadosamente selecionadas para a criação de um novo negócio, formou-se um squad (grupos pequenos multidisciplinares com um propósito específico), contando com o apoio das demais áreas de negócios. A XP colocou de pé a XP Seguros em apenas seis meses, aliando produtos com melhor rentabilidade em relação aos grandes bancos, taxa zero de carregamento (que é a retenção de um percentual para o administrador em uma movimentação financeira), portabilidade de outros bancos para a XP feita 100% de maneira digital e com boa usabilidade para o investidor e, por último, assessoria financeira para ajudar o investidor a fazer a escolha de aplicações.

Os resultados: a XP Seguros é, hoje, a segunda colocada no ranking nacional do segmento quando se analisa captação de investimentos e portabilidade externa no ano de 2020, ultrapassando grandes bancos que estão há anos brigando entre si. Em abril de 2020, chegou a liderar o ranking, reportando 409,5 milhões de reais em captação líquida (versus 151,9 milhões de reais do segundo colocado) e 364,9 milhões de reais em portabilidade externa (versus 78,8 milhões de reais do segundo colocado).

Durante a pandemia da covid-19, houve grande movimentação nos investimentos em bancos, fundos e outros ativos, tanto pela necessidade de alta liquidez para o investidor pagar suas contas do dia a dia quanto pela redução da taxa Selic, que alcançou sua mínima histórica em 2,25%, tornando investimentos mais conservadores pouco atrativos.[39] O ponteiro de captação da XP Seguros, no entanto, pouco mudou. Aproveitando toda a infraestrutura já criada de tecnologia e o conhecimento do mercado de seguros, lançou a SuperPrev, um fundo de fundos de previdência que teve 60% da sua captação por meio do canal digital, acessando diretamente o investidor. Dobrando a aposta, ainda anunciou a aquisição da startup de seguros DM10, *marketplace* que conecta distribuidores independentes com produtos de seguro de vida e plano de previdência, alavancando ainda mais os canais de distribuição dos produtos da XP Seguros.[40]

Tudo isso só foi possível graças ao modelo de execução utilizado pela XP, desde a escolha do time, passando pela validação do problema, desenvolvimento de todos os elementos do negócio e

[39] TOLOTTI, R. Banco Central corta Selic em 0,75 p.p., para 2,25%, e mantém porta aberta para "ajuste residual". **InfoMoney**, 17 jun. 2020. Disponível em: https://www.infomoney.com.br/mercados/banco-central-corta-selic-em-075-p-p-para-225/. Acesso em: 10 set. 2020.

[40] INGIZZA, C. XP compra startup brasileira de seguros DM10. **Exame**, 10 jun. 2020. Disponível em: https://exame.com/pme/xp-compra-startup-brasileira-de-seguros-dm10/. Acesso em: 10 set. 2020.

estratégia de distribuição do produto no mercado. É sobre os elementos da Jornada de Execução que falaremos com profundidade neste capítulo, a começar pela formação do time.

PRIMEIRO QUEM

Uma das etapas mais importantes em um processo de inovação é a formação do time. Como já diria Reid Hoffman, cofundador do LinkedIn, na obra *Comece por você: adapte-se ao futuro, invista em você e transforme sua carreira*, "não importa o quão brilhante é a sua mente ou estratégia, se você está jogando sozinho, você irá perder para uma equipe".[41] Jeff Sutherland, cocriador da popular metodologia Scrum, amplamente explicada no livro *Scrum: a arte de fazer o dobro do trabalho na metade do tempo*,[42] comenta que, quando falamos de indivíduos trabalhando sozinhos, o melhor pode fazer até dez vezes mais rápido o mesmo trabalho do que o mais lento. Quando analisamos equipes, a melhor consegue executar tarefas até duas mil vezes mais rápido do que a equipe mais lenta, o que nos mostra a importância de montar times fortes, com multidisciplinaridade e método de execução.

Este é o momento de colocar as pessoas certas nos lugares certos e potencializar as habilidades de cada indivíduo do time para exercê-las ao máximo. Este não é o momento para política

[41] HOFFMAN, R. e CASNOCHA, B. **Comece por você: adapte-se ao futuro, invista em você e transforme sua carreira.** Rio de Janeiro: Editora Alta Books.

[42] SUTHERLAND, J. e SUTHERLAND, J.J. **Scrum: a arte de fazer o dobro do trabalho na metade do tempo.** Rio de Janeiro: Sextante, 2019.

corporativa, na qual o gestor de inovação indica pessoas de outras áreas para agradar ou devolver um favor ao outro gestor. Também não é o momento para escolher aquele profissional que está ocioso no trabalho, precisando de uma nova aventura dentro da empresa. Quando montamos um time, selecionamos as melhores pessoas para aquelas atividades. Foi o caso da XP Seguros: a empresa começou o processo de montagem do time contratando Roberto Teixeira, um dos mais gabaritados profissionais do setor de seguros do Brasil, para desenvolver uma nova forma de se vender seguros e previdência para pessoa física. Roberto então selecionou um time interno com as competências necessárias para desenvolver tecnologia e um negócio de seguros, além de realizar treinamentos. Com isso, conseguiram alavancar grandes resultados para a companhia.

Assim como Roberto, empresas de todo o país passam pelos mesmos desafios para formação de times que precisam de critérios claros para essa seleção. Quais competências o time deverá ter para entregar o máximo de resultados? Quais são as atitudes que se deve ter no dia a dia quando os indivíduos enfrentam as inúmeras barreiras de um processo de inovação? Como se adaptam ao erro? Qual o modelo mental esperado? Essas e outras perguntas serão respondidas a seguir.

ARQUÉTIPO INTRAEMPREENDEDOR

O ritual da escolha de pessoas para formar um time está presente em nossa vida desde cedo. Na infância, crianças elegem os seus times para partidas de vôlei, futebol e outros esportes durante as aulas de Educação Física. O responsável pela escolha do time, inconscientemente, cria um modelo mental de como o time precisará performar naquele esporte, selecionando os colegas com as habilidades necessárias para vencer o jogo.

Analisar as estratégias relacionadas ao esporte é uma excelente forma de despertar o olhar quanto à necessidade da racionalidade na formação e no desenvolvimento de um time. Martí Perarnau, autor da obra *Guardiola confidencial*,[43] relata a história de Pep Guardiola, eleito melhor técnico de futebol do mundo em 2011 pela FIFA, sendo finalista por outras quatro vezes, vencendo 29 títulos na sua carreira, o que o tornou o terceiro treinador com mais títulos da história até o momento da publicação deste livro. Martí mostra a evolução tática do modelo de jogo de Guardiola durante o período em que treinou o clube alemão Bayern de Munique. Ele organizava o mais eficiente esquema tático de jogo e, depois, adaptava o seu time para jogar nesse modelo, selecionando os melhores jogadores disponíveis dentro do clube além de contratar outros jogadores de outros clubes. Ele treinava e tirava o melhor do potencial dos que não sabiam jogar em alguma posição específica. Foi o caso de Philipp Lahm, tradicional lateral direito do time e da seleção alemã, que teve o seu jogo adaptado para o meio campo para compor as características que o treinador precisava no modelo tático de jogo para maximizar os resultados do time.

O exemplo de Guardiola reforça a necessidade de estruturar modelos táticos com pessoas e treiná-las para alcançarem os

[43] PERARNAU, M. Guardiola confidencial: Um ano dentro do Bayern de Munique acompanhando de perto o técnico que mudou o futebol para sempre. Campinas: Editora Grande Área, 2015.

objetivos. Em times de inovação, as vitórias também são fundamentais. A escalação, os treinamentos e a melhoria contínua se tornam importantes ferramentas para os times vencerem no mercado competitivo em que vivemos.

Na ACE Cortex, chamamos esses modelos táticos de arquétipos e, executando centenas de projetos, conseguimos chegar a um perfil ideal para projetos de inovação: o Arquétipo do Intraempreendedor. Este arquétipo é composto de características que se desdobram em comportamentos práticos ideais para desenvolver e gerir um negócio inovador de sucesso.

Na ACE Cortex, não olhamos o currículo no momento de montar uma equipe. Não selecionamos alguém por ter feito uma faculdade de primeira linha ou um curso com certificação específica. Olhamos atitude empreendedora, potencial transformador, criatividade, mentalidade aberta a diversidade.

Destacamos oito características que utilizamos na seleção de times de alta performance em todos os projetos que atuamos:

Questiona o *status quo*

É inconformado com a realidade da empresa e seus processos. Quer promover mudanças, mas não sabe como; suas provocações incomodam os colaboradores mais tradicionais.

Movido a desafios

Movido a desafios e não à segurança/carreira. O intraempreendedor quer, mais do que ser promovido, ser desafiado e se desenvolver cada dia mais.

Pode ser visto se envolvendo em diferentes projetos da companhia, querendo fazer a diferença. Irá além da descrição do seu cargo, com alta liderança situacional, fazendo contato na rua direto com o cliente.

Capacidade de se transformar e agir rapidamente mediante críticas ou ensinamentos de terceiros. Altamente resiliente e persistente.

Extremamente obstinado, focado e ágil. Aprende rápido. Assertivo, é capaz de tomar boas decisões com rapidez. Destaca-se trabalhando sob pressão.

Possui alta capacidade intelectual e cognitiva, é capaz de identificar problemas e propor soluções inovadoras.

Pensa grande e tem objetivos claros. Sempre busca a melhor entrega, excedendo as expectativas do cliente e elevando a barra do time.

Apresenta visão sistêmica da empresa, mercado e negócios. Focado nos objetivos globais e na estratégia para alcançá-los.

Este é o mesmo modelo utilizado para selecionar e avaliar centenas de startups e times corporativos que interagem com a ACE. Partimos primeiro da análise das habilidades interpessoais (como as do Arquétipo Intraempreendedor) para, em seguida, analisar as habilidades técnicas que são indispensáveis para atingir os objetivos do projeto. As necessidades técnicas diferem de cada tipo de atividade-fim e não é o objeto deste trabalho avaliar uma a uma. Parte-se do princípio, por exemplo, de que um projeto de tecnologia precisará de profissionais com competências técnicas em tecnologia e que um novo canal digital necessitará de profissionais com competências em marketing digital.

Todas essas características intraempreendedoras devem permear qualquer time que deseja inovar e precisam ser testadas em cada indivíduo para formação do time. As chances de sucesso com times empreendedores serão consideravelmente maiores do que os que não possuem essas características. Esse é um dos aprendizados que tivemos nos mais de cem novos negócios internos e externos criados conjuntamente com as maiores empresas do país.

AVALIAÇÃO DO TIME

O recrutamento interno de pessoas pode ser feito de maneira bastante simples e, para isso, separamos três opções que podem ser levadas em conta:

Opção A: Levantamento de uma lista de colaboradores pelo RH (ou similar da empresa) que possuem as características técnicas desejadas.

Opção B: Processo seletivo interno amplamente divulgado na intranet da empresa ou outro canal de divulgação interno.

Opção C: Processo seletivo externo caso não haja disponibilidade interna de pessoas com as competências do Arquétipo Intraempreendedor.

O segundo passo é selecionar as pessoas identificando como se encaixam nos parâmetros necessários para executar radicalmente aquela inovação. A próxima tabela analisa as oito características intraempreendedoras do time. Incluímos, de maneira ilustrativa, os autores deste livro na análise.

No teste de indivíduos para composição dos times, não é esperado que todos tenham notas máximas em todos os parâmetros, mas que a média individual seja de, no mínimo, 75%. Os outros 25% são pontos a serem trabalhados posteriormente para melhor adequação ao modelo.

Avaliação final

COMPETÊNCIA	PEDRO (%)	SULIVAN (%)	VICTOR (%)
Questiona o *status quo*	58,3	75,0	50,0
Movido a desafios	100,0	83,3	85,0
Mão na massa	100,0	75,0	55,3
Receptividade a feedbacks	75,0	75,0	91,7
Ritmo acelerado	80,0	75,0	80,0
Solucionador de problemas	75,0	80,0	80,0
Acima da média	62,0	75,0	70,3
Agrega valor	65,1	80,0	91,7
MÉDIA	76,9	77,3	75,5

Cada característica do arquétipo é avaliada por meio de um questionário que é realizado em entrevista com o possível integrante do time. Por meio dos resultados da avaliação, é possível enxergar como cada indivíduo se destaca, as suas limitações e, principalmente, como se encaixa no Arquétipo Intraempreendedor. Os indivíduos que não cumprirem com as notas mínimas deverão ser desconsiderados dessa seleção, mas isso não significa que não poderão se desenvolver nos pontos em que as notas foram abaixo do esperado. Os líderes e o RH devem avaliar a melhor forma de estimular o aprendizado dos colaboradores que não foram selecionados para este projeto em questão e que poderão ser úteis em iniciativas futuras. O RH poderá considerar os candidatos externos, que não fazem parte do quadro de colaboradores da empresa, para outras posições na companhia, caso tenham sinergia com a sua cultura. É importante reforçar que apenas uma pequena parcela da população da empresa normalmente se enquadra neste arquétipo.

Para realizar a avaliação, o responsável pela mensuração deverá seguir o passo a passo do questionário, pontuando cada resposta dada pelo entrevistado, e os resultados de cada característica serão calculados automaticamente. Montamos uma planilha de avaliação que pode ser copiada e preenchida em cada entrevista. Acesse através deste QR Code.

O ciclo de capacitação do time é organizado por meio dessa análise, identificando os seus gargalos e estruturando planos de desenvolvimento consistentes. O ciclo está detalhado a seguir.

CICLO DE CAPACITAÇÃO

Acreditamos que quem inova são as pessoas. Elas são a peça central desta equação. Para um projeto evoluir, as pessoas também precisam evoluir. Para isso, faz-se necessária a criação de um ciclo de capacitação, ou seja, uma estrutura pela qual todos do time precisam passar para garantir tal evolução. O ciclo é dividido em três etapas:

1. **Pontos de desenvolvimento → Identificação das competências em que o indivíduo precisa evoluir.**

2. **Capacitação → Plano de desenvolvimento com base nos pontos identificados.**

3. **Prática → Execução do plano e acompanhamento dos resultados.**

Com a avaliação em mãos e time já escolhido, cada integrante do time terá competências semelhantes e também diferentes para desenvolvimento. O próximo passo é definir quais competências e como cada um precisará desenvolvê-las para conseguir entregar com excelência as suas atividades.

Ciclo de capacitação

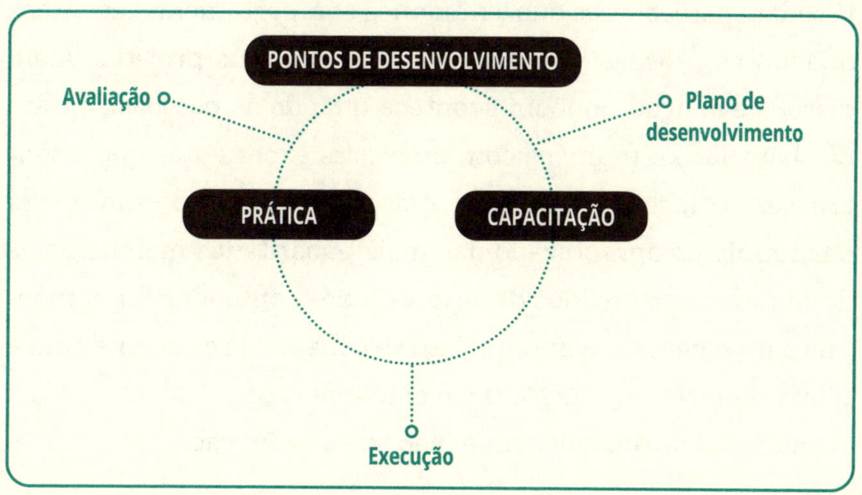

Pesquisadores do Center for Creative Leadership, nos Estados Unidos, destacaram pontos fundamentais para a capacitação de times na obra *The Career Architect Development Planner.*[44] Os estudos revelaram um método que ajuda a estruturar planos de ação para potencializar a capacitação do indivíduo. Trata-se da pirâmide 70:20:10, ou seja, de todo o plano de desenvolvimento de competências e habilidades de um indivíduo, 70% precisa ser feito com experiências práticas, 20% compartilhando o conhecimento com os seus colegas, com feedbacks constantes e, por fim, 10% com o aprendizado formal, com cursos, treinamentos e leituras. Defendemos que a absorção de um novo conhecimento aumenta quando o capacitado se expõe em diferentes níveis de aprendizados.

[44] LOMBARDO, M. M. **The Career Architect Development Planner**. 5. ed. Minneapolis: Lominger, 2010.

Nos diversos squads corporativos pelos quais a ACE Cortex já rodou, percebemos que a mudança comportamental acontece quando as pessoas colocam na prática os seus projetos. Além disso, a evolução também acontece quando as pessoas passam por baterias de reuniões com mentores experientes que orientam seus trabalhos. Por último, mas não menos importante, está o estímulo ao aprendizado das mais gabaritadas metodologias do mundo, com estudos de caso e outros conteúdos fundamentais para o desenvolvimento. Isso se conecta diretamente com a teoria da pirâmide 70:20:10 e é algo que recomendamos para a capacitação de qualquer time (não só os de inovação).

Pirâmide do conhecimento

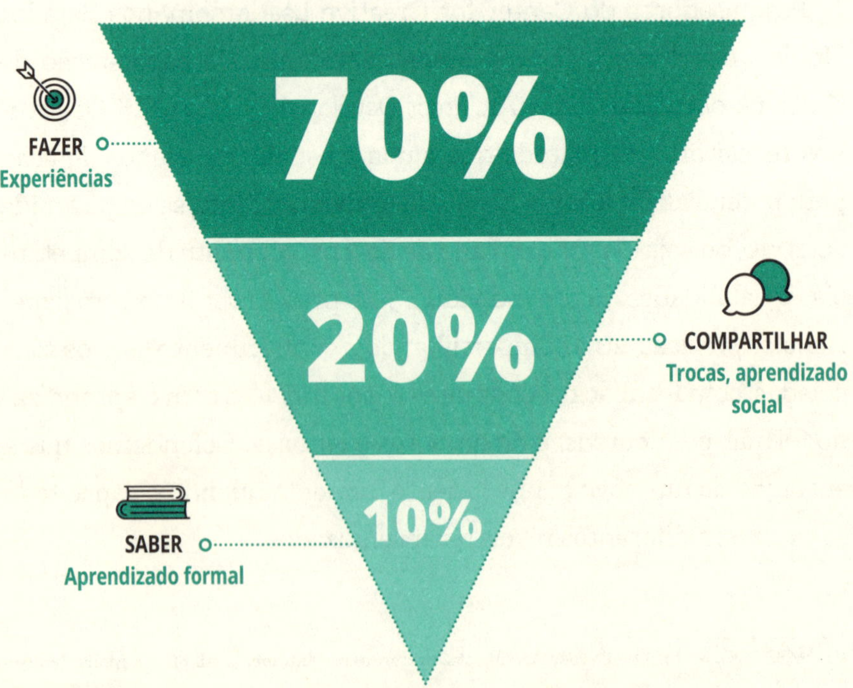

Este diagrama pode ser exemplificado em um plano de capacitação da seguinte maneira:

Plano de Capacitação 70:20:10

70:20:10	AÇÕES PARA MELHORAR COMPETÊNCIA *MÃO NA MASSA*	PRAZO PARA COMPLETAR ATIVIDADE	FAÇA VOCÊ MESMO
Fazer (70%)	1. Entrevistar cliente para compreender suas necessidades. 2. Estruturar lista com os pontos mapeados. 3. Planejar as próximas semanas com o time utilizando os métodos ágeis de planejamento de *sprints*. 4. Priorizar as atividades de maior impacto.	70 dias	http://bit.ly/tr-capacitacao
Compartilhar (20%)	Após rodar dois *sprints*, compartilhar com todos da empresa os aprendizados nos pilares: pessoas, método e cliente.	20 dias	
Saber (10%)	Leitura da metodologia Lean Startup.	10 dias	

Acreditamos que o feedback é uma ferramenta fundamental neste processo. Existem diversos métodos para passar feedbacks, e o que mais gostamos de usar na ACE Cortex é o Situação-Comportamento-Impacto (SCI). O método também foi criado pela Center for Creative Leadership e está detalhado em *Giving Feedbacks to Subordinates.*[45] Dessa forma, o feedback fica muito mais claro, objetivo e acionável para a criação do modelo de competências a serem desenvolvidas para o indivíduo. O método SCI consiste em:

Situação → Quando e onde ocorreu o comportamento. Exemplo: *na reunião de planejamento.*

Comportamento → O que aconteceu exatamente. Exemplo: *chegou 30 minutos atrasado.*

Impacto → Quanto custou ou a consequência. Exemplo: *não conseguimos cumprir com o tempo disponível e tivemos que marcar uma nova reunião.*

O plano de desenvolvimento deverá ser construído entre líder e liderado em uma reunião de feedbacks que geralmente dura uma hora, mas fica à cargo de ambos. O mais importante é ter um plano de ação consistente. Os seguintes papéis são colocados em prática:

[45] BURON, R. J.; MCDONALD-MANN, D. Giving Feedbacks to Subordinates. Hoboken: Jossey-Bass, 2007.

Líder → Envia o resultado da avaliação de perfil (visto no tópico anterior) para o liderado com pelo menos uma semana de antecedência, com feedbacks qualitativos em cima dos resultados quantitativos da análise. Exemplo: se o resultado for abaixo do esperado em "Mão na massa", pode-se dizer que no último projeto em que esteve envolvido o avaliado pouco se dedicava a executar suas atividades, era visto pelos seus colegas como alguém que delegava o que não era delegável, e isso fez com que o restante do time ficasse sobrecarregado. Note que a estrutura do feedback seguiu a lógica do SCI, ou seja, Situação (último projeto), Comportamento (dedicação e delegação) e Impacto (time sobrecarregado).

Liderado → Faz a sua autocrítica em cima do resultado da avaliação enviada, levanta os seus pontos de melhoria e leva-os para a reunião com o líder. É muito importante que o liderado não fique reativo e que se abra para melhorias. Podem existir pontos cegos do líder em sua análise e, se isso for uma verdade, o liderado deve levar para a reunião os contrapontos, sendo fundamental levantar os fatos e os dados que embasam as justificativas.

O ciclo de capacitação passa, então, por uma jornada cíclica que se retroalimenta na medida em que o indivíduo coloca em prática o plano de capacitação e é exposto a novas atividades. Com isso, novas competências e habilidades tornam-se necessárias, novos pontos de desenvolvimento são identificados, e o líder tem, então, a tarefa fundamental de colocar prontamente todas as ferramentas possíveis para o liderado se desenvolver.

Todo o ciclo precisa ser revisto periodicamente. A sugestão é que líder e liderado revejam o ciclo de capacitação a cada três meses, repactuando todo o plano, confrontando os resultados obtidos e os não obtidos através da capacitação. O processo completo é feito com bastante transparência e clareza, sem deixar nenhum ponto de desenvolvimento relevante para trás.

O trabalho aqui não é de atuação em apenas um indivíduo. O objetivo final é ter uma equipe de alto desempenho. Os melhores resultados serão obtidos através de um disciplinado gerenciamento do ciclo de capacitação.

MÉTODOS DE EXECUÇÃO

Nenhuma empresa quer ser a próxima a estar nas notícias de falência por falta de inovação. Para algumas empresas, sobreviver em um mercado altamente volátil e cheio de mudanças torna-se prioridade. Para outras, o lema é jogar no ataque e provocar a própria disrupção. Para qualquer uma dessas necessidades, os gestores precisam de um modelo de execução de novos projetos que possa guiá-los desde o início do entendimento do problema até o produto final ser entregue ao cliente. Não basta querer, mas saber como implementar novas ideias, criar estratégias de ganho expressivo de mercado e resolver problemas internos da empresa. Toda execução passa por uma jornada.

A jornada é dividida em duas macro fases: Construção e Distribuição. Dentro de cada uma, temos micro fases como Descoberta, Produto, Marketing e Vendas e Implantação Interna, que diferem entre si de acordo com o tipo de projeto. Dividimos os projetos de inovação da companhia em três tipos: Novo Negócio, Novo Canal e Melhoria de Produtividade. Os caminhos que devem ser adotados na Jornada de Execução precisam ser escolhidos de acordo com os seus objetivos. Se o objetivo for a criação de um novo negócio do zero, adota-se a jornada de Novo Negócio, que passa pelas fases de Descoberta, Produto, Marketing e Vendas. Caso o produto já seja conhecido, mas deseja-se distribuí-lo por um novo canal, a jornada a ser adotada deverá ser a Novo Canal, sem passar pelas fases de Descoberta e Produto, pois a premissa é a de que o produto já está validado com o cliente. Nossa recomendação, no entanto, é revisitar essas duas fases para ter certeza disso. Por fim, se o objetivo for a busca por melhorias internas da empresa, a jornada adequada é a de Melhoria de Produtividade, que passa pelas fases de Descoberta, Produto e Implantação.

À medida que avançamos nas etapas de desenvolvimento, os investimentos financeiros também aumentam. Não se deve dedicar grandes cifras nas primeiras etapas, pois ainda não temos todas as variáveis solucionadas que nos garantem que podemos avançar para as próximas.

APROFUNDANDO NO MÉTODO

Deste ponto em diante, convidamos você a acessar os QR Codes de cada fase do modelo de execução. Você os encontrará próximo ao detalhamento de cada uma das etapas do modelo como material de auxílio na jornada de desenvolvimento da inovação a que está se propondo. Nossa sugestão é escolher as etapas que mais se encaixam ao seu momento atual e explorar todo o método de execução validado pela nossa equipe em startups e squads corporativos. Se você está começando do zero, ou seja, se o problema ainda precisa ser definido, recomendamos explorar 100% da jornada, a começar pela fase de Construção.

CONSTRUÇÃO

O que buscamos nesta fase é ter um produto que o cliente interno ou externo use e ame. Entenda produto como qualquer tipo de solução, serviços, produtos físicos e digitais. Note que a fase de Construção é dividida entre Descoberta e Produto e possui várias etapas que são necessárias para minimizar os riscos e aumentar a assertividade no que será construído. Muitas empresas negligenciam esse passo a passo e aceleram a Construção sem sequer conversar com o consumidor. Não é por falta de metodologia disponível, modelos de validação e outros guias que hoje estão disponíveis facilmente em diversas literaturas. Essa ansiedade por ter um produto rápido no mercado surge por três razões, segundo a ACE Innovation Survey, pesquisa realizada com líderes de inovação brasileiros:

1. **Os gestores estão pressionados pela alta direção em gerar resultados no curto prazo;**

2. **Gestores têm medo de perder o emprego e isso faz com que queiram mostrar relevância para a alta diretoria;**

3. **Receio de perder *timing* de mercado.**

Qual a consequência disso? Produtos caros, com funcionalidades que ninguém usa e que não resolvem nenhum problema. Das vinte maiores razões para o fracasso de uma startup, segundo um estudo da CB Insights realizado com 101 startups de diferentes segmentos, o principal motivo é justamente não resolver nenhum problema.[46] Negócios inovadores falham porque

[46] THE TOP 20 Reasons Startups Fail. **CB Insights**, 6 nov. 2019. Disponível em: https://www.cbinsights.com/research/startup-failure-reasons-top/. Acesso em: 10 set. 2020.

os times não conseguem entender os hábitos de consumo do mercado e as tarefas que o consumidor precisa realizar. Quando tentam compreender o consumidor, se ancoram em pesquisas superficiais de mercado, geralmente demográficas, que não conseguem mostrar exatamente a fotografia das necessidades dos consumidores.

Descobrir do que o consumidor precisa e suas dificuldades faz parte da primeira e principal etapa de um processo de inovação. O resultado final dessa descoberta será o desenvolvimento do produto que o consumidor precisa. Com essas duas variáveis bem resolvidas (descoberta e produto), passamos da fase Construção para a distribuição para consumidores internos ou externos.

DESCOBERTA

A fase de descoberta do cliente passa por fatores cruciais de validação e que devem ser explorados antes do desenho e criação de uma nova solução. A tabela a seguir descreve o passo a passo desde o entendimento do problema a ser resolvido por parte do consumidor até aspectos macro do mercado em que ele está inserido.

ETAPA	DESCRIÇÃO	QR CODE
Problema	**Validação das dores do consumidor através de métodos de observação e entrevistas qualitativas e quantitativas.**	http://bit.ly/tr-problema

ETAPA	DESCRIÇÃO	QR CODE
Persona	Persona é um personagem fictício construído a partir de pessoas reais para representar o perfil do cliente ideal. A etapa consiste em um profundo conhecimento do indivíduo, muito além de dados demográficos, que aborda suas motivações pessoais e objetivos de vida.	http://bit.ly/tr-persona
Perfil do Cliente Ideal (PCI)	Ao contrário de uma pessoa, como em Persona, o PCI é uma lista de parâmetros de uma empresa em que a persona está contida. Eles devem conter detalhes como tipo de indústria, vertical da empresa (qual segmento da indústria precisa da sua solução?), número de colaboradores e outras características únicas daquele segmento de trabalho.	http://bit.ly/tr-pci
Job to be done	As tarefas que o consumidor precisa realizar para concluir os seus objetivos. Qual o Job que estamos resolvendo para os clientes? Ou seja, para ir ao trabalho, o que ele precisa fazer? Alugar um carro? Pegar o metrô? Que outras tarefas são necessárias?	http://bit.ly/tr-jtbd
Proposta de valor	Entendimento do posicionamento que o projeto precisa ter para o mercado e que conecta diretamente com o *Job to be done* do consumidor. Como o valor proposto é percebido pelo consumidor?	http://bit.ly/tr-proposta
Dores da jornada	Identificação das Dores da jornada do consumidor ao tentar resolver o *Job to be done*. Quais dificuldades ele tem?	http://bit.ly/tr-dores

ETAPA	DESCRIÇÃO	QR CODE
Dores x Satisfação	Relação das Dores da jornada por grau de importância e o quanto o indivíduo está satisfeito com os pontos mapeados. Etapa realizada por meio de pesquisa quantitativa.	https://bit.ly/tr-satisfacao
Jornada de Compra	Para cada persona validada, deverá ser criado o mapa de jornada de compra com os pontos de contato, canais de comunicação e sentimento. Isso é feito porque nem sempre a persona que usufrui do produto como proposta de valor é quem paga.	https://bit.ly/tr-jornada
Modelo de negócio	Após definir "para quem vender" e "como entregar", você deve validar o "o que" (solução inicial que passará por mudanças) e o "quanto" (modelo de receita ou como fazer dinheiro).	https://bit.ly/tr-negocio
Tamanho de mercado	Conhecimento do potencial de receita capturável dentro do mercado que é alvo da solução. Esse é um mercado grande o suficiente que o fará investir muita energia, dinheiro e tempo?	https://bit.ly/tr-mercado
Análise de mercado	Análise profunda dos concorrentes e dos seus diferenciais em relação a eles. Quem concorre com você? Quais são as soluções existentes que facilmente podem substituir o seu produto?	https://bit.ly/tr-analise

Com todas essas etapas finalizadas, você terá os insumos de que precisa para a viabilização do produto ou solução. Note que não se trata de uma etapa simples, e a nossa ansiedade por construir o produto rapidamente pode nos enganar. É bastante comum que executivos tragam sua experiência pregressa como forma de validação e entendimento do mercado. Chamamos esse comportamento de "armadilhas da experiência", mas abordaremos com mais profundidade esse tema no Capítulo 6.

PRODUTO

A jornada a seguir mostra o passo a passo para o desenvolvimento do produto. Todo esse processo é realizado com inúmeras interações com o consumidor ou usuário da solução, com métricas de acompanhamento e planos claros de execução. Entendemos como produto o resultado da etapa de tirar a solução idealizada do papel.

ETAPA	DESCRIÇÃO	QR CODE
Diagnóstico do produto	**Plano detalhado que demonstre, com base nas validações, se as funcionalidades do seu produto ou as características da sua solução se conectam com o *Job to be done* do consumidor. Se você não tiver o produto e ainda estiver construindo do zero, pule para a próxima etapa.**	https://bit.ly/tr-produto

ETAPA	DESCRIÇÃO	QR CODE
Esteira de desenvolvimento	Visão do que o produto precisa ser e como se classifica conectando com o *Job to be done* do consumidor e proposta de valor para ele. Com isso, você deverá montar a lista de funcionalidades ou características que sua solução deverá ter.	https://bit.ly/tr-esteira
Jornada AHA + WOW	AHA: momento em que o seu consumidor percebe com clareza qual é a proposta de valor que a sua solução entrega para ele. O momento pode ser percebido por meio de um vídeo, um conteúdo on-line ou uma *live* sobre a solução. WOW: momento em que o consumidor utiliza a sua solução e percebe, na prática, a entrega da proposta de valor.	https://bit.ly/tr-aha
Interface do usuário	Tudo o que o usuário (consumidor da solução) irá ver ou com que irá interagir. É bastante comum a terminologia em negócios digitais, mas se aplica a qualquer tipo de negócio.	https://bit.ly/tr-ui
Experiência do usuário	A experiência da sua solução se inicia no primeiro contato que o potencial consumidor tem com você. O conceito se resume ao que o usuário (ou consumidor) sente ao ter contato com a sua solução. Trabalhar para melhorar este item trará novas indicações e retenção dos atuais clientes.	https://bit.ly/tr-UX

ETAPA	DESCRIÇÃO	QR CODE
MVP	O MVP ou produto mínimo viável é a primeira versão de um novo produto, que permite que uma equipe colete o máximo de aprendizado real sobre clientes com o mínimo de esforço.	https://bit.ly/tr-MVP
Métricas de produto	Para gerir uma solução ou produto, é necessário entender o que significa o conceito de sucesso para o seu consumidor e medir a jornada.	https://bit.ly/tr-metricas

O sucesso da adoção da sua solução por parte do consumidor está diretamente relacionado com a sua maneira de executar essas atividades. Um produto mal validado no mercado ou internamente na empresa representa desperdício de tempo, energia e dinheiro. O seu trabalho, como gestor da solução, é deixá-lo à prova de balas para a ida ao concorrido mercado em que vivemos.

DISTRIBUIÇÃO

A estratégia de distribuição consiste em planos de ação que ajudem a levar o seu produto aos seus clientes, sejam eles externos (Novo Negócio e Novo Canal) ou internos (Melhoria de Produtividade). Quando se chega a este ponto, o produto já foi testado por clientes internos ou externos, ajustado e está pronto para ganhar mercado. Nesta fase, o objetivo é aumentar a adoção da

OS GESTORES PRECISAM DE UM MODELO DE EXECUÇÃO DE NOVOS PROJETOS QUE POSSA GUIÁ-LOS DESDE O INÍCIO.

UM PRODUTO MAL VALIDADO NO MERCADO OU INTERNAMENTE NA EMPRESA REPRESENTA DESPERDÍCIO DE TEMPO, ENERGIA E DINHEIRO.

sua solução, trazendo mais receita ou redução de custos para a empresa. Você deverá responder as seguintes perguntas:

a. **Como trabalhar os primeiros interessados na minha solução e convertê-los em clientes?**

b. **Qual o canal que usarei para obter os primeiros usuários do meu produto? (Lembrando que este é apenas o primeiro canal e que posteriormente teremos outros.)**

c. **Como farei para crescer consideravelmente no mercado em que estou?**

d. **Como aprender com todo o processo de vendas e aplicar melhorias?**

e. **Como preparar um discurso de marca que se conecta com o meu cliente ideal?**

O Google Glass, óculos desenvolvidos pela Google em 2012, era tido como o grande "objeto do futuro". Por meio de comandos de voz, era possível ter informações diretamente nas lentes dos óculos e gravar vídeos, recurso que provocou questionamentos por parte de críticos sobre aspectos de privacidade.[47]

[47] MORGAN, B. 10 Recent Product Design Failures And What We Can Learn From Them. Forbes, 9 set. 2019. Disponível em: https://www.forbes.com/sites/blakemorgan/2019/09/09/10-recent-product-design-failures-and-what-we-can-learn-from-them/#44271c8146f1. Acesso em: 10 set. 2020.

O uso do aparelho foi, inclusive, banido em áreas públicas. Além disso, o preço era salgado: 1.500 dólares (cerca de 7.500 reais), restringindo ainda mais o público-alvo da solução. Fora os riscos de saúde que a solução poderia trazer com o sinal de Wi-Fi a poucos centímetros dos olhos.[48] O resultado: em 2015, três anos após o seu lançamento, esse se transformou em um dos casos mais conhecidos da história recente de produtos mais malsucedidos lançados ao mercado.

Ao anunciar o encerramento das atividades do Google Glass em palestra no festival de eventos SXSW, no Texas, Astro Teller, líder da X Moonshot Factory (laboratório de inovação da Alphabet, holding que tem como uma de suas empresas a Google), declarou: "O que não foi bom – atitude que estava mais próxima de um erro – foi permitir e, às vezes, até incentivar muita atenção para o programa". E concluiu: "Poderíamos ter feito um trabalho de comunicação melhor e impedido que ele [o Google Glass] se tornasse maior do que uma conversa".[49] O que Teller quis dizer foi que o produto estava ainda em testes e que o problema foi atrair massivamente o interesse do público para a solução antes da hora.

Até a Google pode cometer erros? Claro! O erro não é o problema na jornada de desenvolvimento de uma solução, é o real aprendizado com ele que conta. Inclusive, o site

[48] EXPERTS: Whay wearable tech could pose health risks. **FoxNews**, 3 nov. 2015. Disponível em: https://www.foxnews.com/tech/experts-why-wearable-tech-could-pose-health-risks. Acesso em: 10 set. 2020.

[49] JOHNSON, L. Google Exec blames Google Glass failure on bad marketing. **AdWeek**, 17 mar. 2015. Disponível em: https://www.adweek.com/digital/google-exec-blames-google-glass-failure-bad-marketing-163535/. Acesso em: 10 set. 2020.

killedbygoogle.com tem mapeado mais de duzentas iniciativas que foram criadas e que não foram bem-sucedidas. O Google Glass é uma delas. Mas esse mapeamento conta apenas com o fracasso que a Google teve ao tentar distribuir a solução para o público B2C (*Business to Consumer*). Como o fracasso é o insumo para o aprendizado, o Google Glass mudou o seu foco e hoje é distribuído para o mercado B2B (*Business to Business*), sendo vendido diretamente para empresas de manufatura, logística, agricultura e hospitais, com propósitos diferentes. O faturamento do Google Glass não é divulgado pela companhia.

MARKETING E VENDAS

Durante a jornada de Marketing e Vendas, você se aprofundará em itens essenciais para vender o seu produto e que precisam também de muita validação. Todo o processo é realizado com testes com os clientes, experimentos em canais diferentes e padronização de processos. A tabela a seguir mostra esse passo a passo. Você poderá imergir em cada uma dessas etapas através dos respectivos QR Codes.

ETAPA	DESCRIÇÃO	QR CODE
Canais de aquisição / distribuição	**Validação dos meios ou formatos pelos quais você traz o seu cliente para adquirir a sua solução.**	https://bit.ly/tr-aquisicao

ETAPA	DESCRIÇÃO	QR CODE
Funil de vendas	Jornada de compra pela qual o consumidor passa desde o primeiro contato com a sua empresa até a compra da solução.	https://bit.ly/tr-funil
Processo de vendas	Conjunto de atividades que precisam ser desenvolvidas para maximizar os resultados de vendas e otimizar o tempo de execução. Esse processo deve considerar as características do mercado bem como o tempo que o consumidor investe para conhecer a empresa e comprar a sua solução.	https://bit.ly/tr-vendas
Métricas	Para gerir o processo de vendas, é necessário medir todas as etapas do seu funil. Ao fazer isso, você conseguirá analisar o comportamento do seu consumidor no funil e aplicar melhorias.	https://bit.ly/tr-mkt
Branding	Estratégia de marca, demonstrando se *naming* (nome), posicionamento, tom de voz e identidade visual estão de fato condizentes com o consumidor.	https://bit.ly/tr-branding

Se você passou por todas as etapas com sucesso, provavelmente está trazendo um produto no ar e crescendo. Se isso não aconteceu, volte algumas etapas e reveja o plano. Provavelmente, alguma etapa ficou incompleta ou não foi bem executada pelo time.

IMPLANTAÇÃO INTERNA

Se chegamos até este ponto, o produto construído tem como finalidade a melhoria de produtividade da empresa, conforme a Jornada de Execução. Ao contrário da etapa de Distribuição, que está desenhada de maneira a atacar o mercado externo distribuindo soluções nos diversos canais nos quais a persona principal está, a Implantação Interna é a fase em que o produto é distribuído dentro da empresa, atendendo necessidades específicas dos *stakeholders* internos. Para isso, disponibilizamos o modelo de Implantação Interna que deve ser seguido para aumentar as chances de sucesso desta inovação.

ETAPA	DESCRIÇÃO	QR CODE
Pre-mortem	Análise de risco sobre as possíveis falhas no processo de implantação e construção do plano de ação para mitigá-las.	http://bit.ly/tr-premortem
Implantação e escala	Plano de ação e execução com os públicos envolvidos no processo.	http://bit.ly/tr-escala
Integração de tecnologia	Princípios de arquitetura de sistemas que são necessários para integração com os sistemas atuais da empresa.	http://bit.ly/tr-tecnologia

ETAPA	DESCRIÇÃO	QR CODE
Métricas	Para gerir o processo de implantação, é necessário medir todas as suas etapas. Ao fazer isso, você conseguirá analisar o comportamento do usuário da nova solução e aplicar melhorias. É necessário definir, desde o primeiro momento, as métricas de análise.	http://bit.ly/tr-videometricas
Garantia da qualidade e padrões corporativos	Definição do padrão de qualidade que respeite as exigências da empresa e cronograma de inspeções das atividades de implantação.	http://bit.ly/tr-qualidade
Melhoria contínua	Cadência de reuniões em que o time analisa o que deu certo ou não e revisa todo o processo continuamente.	http://bit.ly/tr-melhoria

Inovações que buscam melhoria de produtividade devem, necessariamente, trazer um ganho financeiro. Isso pode ser representado por diminuição de tempo em algum processo, aumento de produção por hora, aumento de produção por pessoa, redução de custos e otimização de outros recursos da empresa.

O PRÓXIMO PASSO

O modelo de Execução de Projetos pode ser utilizado para qualquer tipo de problema a ser resolvido. Se seguido à risca, certamente você terá equipes empreendedoras e produtos com alta adoção pelo mercado. Esse método, que agora estamos compartilhando neste livro, foi utilizado em mais de mil startups e cem squads corporativos, comprovando resultados reais para os seus negócios. Mas vale a pena reforçar: o sucesso do seu negócio dependerá da sua execução e do seu time. Os métodos servem apenas como guias que foram validados com empreendedores que os aplicaram efetivamente.

Sendo assim, o próximo passo é a gestão dos resultados. O sucesso na implementação do método passa pelo aprendizado da execução. Toda inovação precisa gerar resultados concretos. O que fazer com as soluções criadas? Escalar para o mercado (ou para dentro da empresa, quando se trata de uma solução para uso interno) ou voltar à prancheta e recomeçar? Os resultados estão alinhados com os objetivos estratégicos da companhia? A evolução da execução demonstra progresso ou estagnação? Essas e outras perguntas precisam ser respondidas pelo time de inovação ou as iniciativas cairão em descredibilidade.

A seguir, mergulhamos de cabeça na inovação aberta. •

O SUCESSO DO SEU NEGÓCIO DEPENDERÁ DA SUA EXECUÇÃO E DO SEU TIME.

Capítulo 5

INOVAÇÃO ABERTA

Existe uma crença no meio corporativo de que dinheiro resolve todos os problemas. Basta uma empresa ter capital suficiente para investir, e ninguém consegue pará-la. A história dos negócios nos mostra a falha deste pensamento constantemente, com exemplos em qualquer setor da economia. Empresas que já foram altamente capitalizadas e renomadas, como Yahoo, Nokia e GE nos mostram que ninguém está livre das mudanças rápidas do mercado e das más decisões em estratégia e execução.

As startups nos mostram, como na história bíblica de Davi e Golias, que um pequeno concorrente consegue derrubar um gigante aplicando corretamente estratégia e energia. Nos tempos voláteis em que vivemos, existe uma certeza: dificilmente uma empresa conseguirá manter a velocidade e o dinamismo necessários para permanecer relevante sozinha. Entender que está inserida em um sistema maior é um dos maiores desafios do gestor moderno. Acreditamos que a vitória, nesse sentido, está intimamente ligada à combinação inteligente entre os recursos internos e externos da corporação.

A Intel Capital é o braço de *corporate venture* (quando uma empresa cria seu próprio veículo de investimentos) da gigante de microprocessadores Intel. A unidade foi criada em 1991 por Avram Miller[50] e, desde então, investiu em mais de 1.500 empresas, com mais de seiscentas delas já vendidas, o que é uma performance extremamente relevante para uma unidade

[50] PRESS, G. What Corporate VCs Can Learn From The First Decade Of Intel Capital. **Forbes**, 18 jun. 2019. Disponível em: https://www.forbes.com/sites/gilpress/2019/06/18/what-corporate-vcs-can-learn-from-the-first-decade-of-intel-capital/#59fe0195388a. Acesso em: 20 ago. 2020.

de *corporate venture*. O mais interessante, no entanto, não é a análise da unidade enquanto investidora, mas entender a estratégia por trás. A empresa começou a investir justamente no momento em que o mercado de PCs começava a crescer. E cada PC tinha um chip Intel dentro. Ou, aproximadamente, 85% deles.

A visão inicial da Intel não foi se tornar uma investidora com viés financeiro. Os executivos entenderam que, se detinham 85% de um determinado mercado, poderiam utilizar o capital para aumentar o tamanho do bolo. E esta foi uma das diretrizes fundamentais da empresa. Percebendo que estavam inseridos em um ecossistema, trabalharam para fortalecê-lo, apostando financeiramente nas empresas com maior potencial em sua avaliação. O retorno financeiro, inicialmente, veio em decorrência do crescimento deste ecossistema. É a empresa enxergando além dos seus muros e pensando na interação com os diversos agentes externos. E esta é a base do pensamento inovador moderno.

A velocidade está se tornando um ativo cada vez mais importante em todos os setores da economia. É claro que a estratégia nos mostra a direção para onde devemos correr. O Vale do Silício é um dos maiores proponentes deste modelo. Com a competição intensa, as companhias utilizam aquisições e investimentos como ferramenta para entrar em novos mercados, adquirir talentos ou manter seus produtos relevantes. A Google é um bom exemplo. Parte importante dos seus produtos, como o YouTube, algumas aplicações da Gsuite e a Doubleclick, que se tornou elemento fundamental da sua plataforma de publicidade, foram aquisições feitas pela empresa.[51] A aquisição do Instagram por parte do Facebook é outro exemplo relevante, que muitos argumentam ter sido a melhor aquisição da história.[52]

A Stone já fez diversos investimentos e aquisições. Um dos exemplos da utilização deste movimento para fortalecer a oferta da empresa em um vertical específico são os investimentos feitos no mercado de alimentação. Uma das empresas que receberam investimentos foi o Mvarandas,[53] com a solução Menew, em que os restaurantes podem criar seus próprios serviços de delivery com uma plataforma integrada para gerenciar os pedidos e o relacionamento com os clientes do estabelecimento. Outro exemplo é a Linked Gourmet, que oferece toda a plataforma de gestão do restaurante, da frente de caixa ao administrativo, e conecta com as principais plataformas de delivery do mercado em um único lugar.

Entender que a empresa está inserida em um ecossistema e que o capital deve ser aplicado nos pontos que mais trarão alavancagem à estratégia do negócio parece óbvio quando estamos de fora. Mas, no olho do furacão, muitas vezes os executivos perdem esta perspectiva. Olhar para fora é uma obrigação se queremos inovar.

---

[51] LIST of mergers and acquisitions by Alphabet. **Wikipédia**, 17 set. 2020. Disponível em: https://en.wikipedia.org/wiki/List_of_mergers_and_acquisitions_by_Alphabet. Acesso em: 15 ago. 2020.

[52] WAENGERTNER, P. Comprar startups dá resultado? **Exame**, 18 ago. 2020. Disponível em: https://exame.com/academy/comprar-startups-da-resultados/. Acesso em: 17 ago. 2020.

[53] FONSECA, M. Comida, plano de saúde e redes sociais: Stone anuncia investimentos em startups. **Pequenas Empresas Grandes Negócios**, 27 mai. 2020. Disponível em: https://revistapegn.globo.com/Startups/noticia/2020/05/comida-plano-de-saude-e-redes-sociais-stone-anuncia-investimentos-em-startups.html. Acesso em: 17 ago. 2020.

APROVEITANDO A INOVAÇÃO ABERTA

Enquanto conceito, a inovação aberta é relativamente recente. Surgiu no começo dos anos 2000 e ganhou dezenas de configurações e definições ao longo dos últimos anos. Quase todas as empresas grandes que entrevistamos mencionam ações que podem ser classificadas como inovação aberta. Adotando nosso compromisso com a geração de resultados reais por meio da inovação, mergulhamos fundo nos diversos conceitos para entender o que funciona na prática e o que deveria estar na agenda dos tomadores de decisão destas empresas.

Em primeiro lugar, o que é inovação aberta? Como definir este conceito? Antes de tudo, recuperamos a nossa definição de inovação utilizada na ACE Cortex: *Adotar a perspectiva do cliente para gerar novas ideias e implementá-las com o objetivo de dar saltos de performance na operação atual do negócio ou criar valor a partir de novos negócios e produtos.*

Assim, a definição de inovação aberta seria: *Adotar a perspectiva do cliente para gerar novas ideias e implementá-las em colaboração com agentes externos à corporação, obtendo saltos de performance na operação atual ou criação de valor a partir de novos negócios e produtos.* O elemento crucial aqui é estender o time que está trabalhando no problema ou oportunidade para além dos limites da empresa.

No livro *A estratrégia da inovação radical*, Pedro definiu que um dos princípios utilizados pelas empresas mais inovadoras é o Trabalho com Parceiros, de modo a ganhar velocidade na implantação dos projetos de inovação e obter novos insights e pontos de vista. Acreditamos que a inovação aberta está ligada à velocidade de execução por um lado, mas também traz o elemento da combinação de competências e recursos do outro. Essa combinação permite que os negócios cheguem a resultados que não seriam atingidos se o trabalho fosse solitário. Em especial se há a necessidade de estar constantemente inovando.

A pandemia trouxe diversas oportunidades de colaboração e utilização da inovação aberta. Talvez a mais clara seja a colaboração internacional para produzir uma vacina para a covid-19. Diversas empresas farmacêuticas, concorrentes ferrenhas, trabalharam conjuntamente para bater todos os recordes em termos de prazo para disponibilização de uma vacina aos mais de 7 bilhões de habitantes do planeta. Diversos governos e a Organização Mundial da Saúde (OMS) também apoiaram e se envolveram no processo. Velocidade é um dos pontos mais críticos neste momento, e somente a combinação de recursos de pesquisa, produção e distribuição tem o potencial de acelerar a conclusão desta crise global.

Várias vezes, as empresas questionam se deveriam trabalhar com parceiros e dividir o bolo ao invés de capturar todo o valor gerado sozinhas. Esta é uma falácia muito comum. Se isso fosse verdade, o mundo corporativo teria infinitas histórias de empresas capturando valor em mercados adjacentes e novos produtos. A realidade é justamente o oposto. É muito difícil destravar valor aproveitando uma nova oportunidade de mercado. A probabilidade é que as empresas não consigam fazer isso sem ajuda. Pelo menos não com qualidade. Repetimos sempre: é melhor ter 1% de 100 do que 100% de 1. Ou seja, é preferível ter uma participação menor em um negócio gigante a ser o único dono de um negócio irrelevante.

Trazendo novos parceiros, uma empresa consegue resultados que não conseguiria obter trabalhando limitada aos recursos, conhecimentos e maneira de pensar atuais. Na economia em rede que vivemos, cada vez mais veremos aqueles que conseguem utilizar de maneira eficiente recursos de fora das suas fronteiras sendo vencedores. É possível fazer esta combinação de recursos de duas maneiras:

De dentro para fora → Quando a empresa utiliza seus próprios produtos, processos ou propriedade intelectual e trabalha com parceiros para estender o seu alcance, tanto comercial quanto operacionalmente. O foco da inovação está dentro de casa e buscam-se parceiros de fora para ajudar a operacionalizar os projetos.

De fora para dentro → Quando a empresa utiliza recursos externos combinados aos recursos internos existentes para gerar novos produtos, canais ou melhorar sua produtividade. O foco da inovação está fora dos limites da empresa e utiliza-se a combinação com os recursos internos para a operacionalização dos projetos.

Existe, também, a colaboração simultânea nos dois sentidos, que conseguimos ver claramente em situações específicas, como a evolução do *blockchain*, que envolve, de maneira descentralizada, desenvolvedores e pessoas de negócio ao redor do mundo. Embora estes exemplos sejam relevantes, acreditamos que são raros no contexto corporativo e preferimos simplificar para ajudar no entendimento e na aplicação nos diferentes tipos e tamanhos de negócio.

Para facilitar a maneira de enxergar as possibilidades, criamos este diagrama, que é inspirado em conceitos desenvolvidos por Henry Chesbrough no livro *Open Innovation*,[54] além de vários outros autores e pesquisadores da área. É preciso destacar o aspecto prático do conceito. É importante que possa ser aplicado no dia a dia de qualquer negócio que busque acelerar seus resultados.

[54] CHESBROUGH, H. Open Innovation: A new paradigm for understanding industrial innovation. In: CHESBROUGH, H.; VANHAVERBEKE, W.; WEST, J. (Eds.) Open innovation: Researching a new paradigm. Nova York: Oxford University Press, 2008. v. 400, p. 0-19

Acreditamos que a inovação aberta pode ser aplicada de maneira simples, como trazer uma startup de fora da empresa para introduzir rapidamente uma competência que não possuímos hoje, ou até o desenvolvimento de um ecossistema inteiramente novo e simbiótico com agentes externos, criando uma linha de negócios nova. O formato que vamos adotar depende, além dos objetivos, do grau de maturidade que estamos em inovação. Antes de tudo, é importante considerar o que queremos como estratégia do negócio. E onde precisamos de velocidade, distribuição, tecnologia e competências novas.

Podemos trabalhar com parceiros de várias maneiras. A mais simples é o trabalho com novos parceiros para a melhoria da produtividade do negócio, pois é uma linha de atuação com que boa parte das empresas está familiarizada. Mas podemos pensar na criação de novos canais de distribuição para nossos produtos e serviços ou no desenvolvimento de um novo negócio. Além de objetivos claros, quem está liderando essas iniciativas deve considerar a experiência da empresa nesse tipo de projeto. Começar com iniciativas mais simples é uma boa forma de ganhar maturidade.

A seguir, apresentamos o Canvas de Parcerias Estratégicas, instrumento que utilizamos para modelar estratégias de colaboração com parceiros. Também explicamos melhor os principais tipos de inovação aberta, destacando o modelo de parcerias com startups, que hoje concentra boa parte dos esforços desse tipo de iniciativa no mercado.

MODELAGEM CANVAS DE PARCERIAS ESTRATÉGICAS

Antes de se iniciar qualquer parceria, é necessário entender com profundidade todas as variáveis em torno do negócio e planejar ações para garantir uma parceria de sucesso. Algumas perguntas precisam ser respondidas e alinhadas entre as partes. Boa parte dos problemas comumente enfrentados neste tipo de parceria poderia ser facilmente evitada com um bom alinhamento inicial.

Vamos repassar cada uma dessas variáveis e a preparação necessária para otimizar o planejamento. Para isso, apresentamos um canvas simples. O desenvolvimento da parceria é dividido em três etapas: **Preparação**, **Colaboração** e **Pós-trabalho**, que detalhamos a seguir.

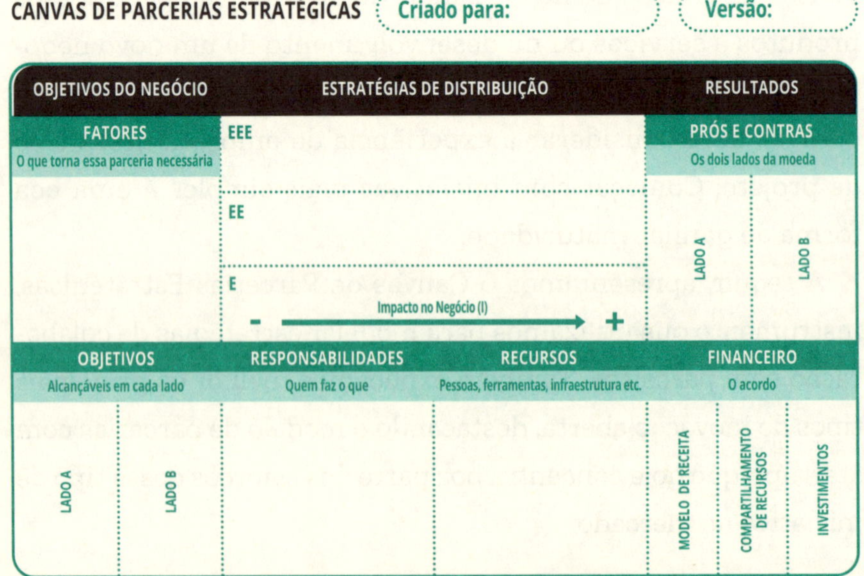

Preparação → Envio do Canvas de Parcerias Estratégicas em tempo hábil para levantamento de todos os pontos (duas semanas é o tempo que costumamos utilizar). Cada parte se reúne com as suas equipes para coleta das informações e suas hipóteses de sucesso de parceria.

Colaboração → Workshop de um dia entre as empresas. Cada uma compartilha as suas informações da etapa anterior. Os integrantes analisam todas as variáveis e decidem se a parceria deve continuar ou se para por aí. A ordem de análise deve ser a seguinte: (1) Fatores, (2) Prós e Contras, (3) Objetivos, (4) Responsabilidades, (5) Recursos, (6) Financeiro, (7) Estratégia de distribuição. A seguir, iremos detalhar cada uma das abordagens para ajudar na análise.

Pós-trabalho → Documentação das decisões com contrato, memorando de entendimento ou instrumento jurídico necessário para formalizar a parceria, que varia de caso a caso. A partir disso, parte-se para a execução das atividades. As empresas decidem a melhor forma de execução, as metodologias, e compartilham cronogramas com os responsáveis.

VARIÁVEIS DE DECISÃO

As empresas precisam se aprofundar nas variáveis que impactam os seus negócios. Descrevemos, então, quais são elas e as perguntas que precisam ser respondidas. Colocamos como exemplo fictício uma parceria entre um banco e uma startup de crédito:

Fatores → *O que torna essa parceria necessária?*

Exemplo banco: distribuição de crédito para pequenos varejistas, que hoje não são impactados pelos canais tradicionais da empresa.

Exemplo startup: acesso a crédito e taxas melhores para o seu cliente (pequeno varejista).

Prós e Contras → *Quais os possíveis pontos positivos e negativos da parceria?*

Exemplo banco: (positivos) cultura da startup pode ajudar o time do banco a pensar diferente, base de clientes de alta fidelidade, agilidade da startup pode acelerar os resultados do setor de crédito do banco; (negativos) startup não tem processos claros de *compliance* e segurança da informação, baixo retorno potencial visto que a conta fecha apenas com um grande volume de pequenos varejistas, falta experiência corporativa para a startup.

Exemplo startup: (positivos) maior disponibilidade de crédito, maior carência a ser disponibilizada pelo banco, melhores taxas que as do restante do mercado de *fintechs*; (negativos) cultura hierarquizada do banco pode desacelerar os processos da startup, exigências de documentação inviabilizariam o negócio, banco pode acessar diretamente o cliente varejista da startup sem passar por ela.

Objetivos → *Quais são os objetivos acionáveis e mensuráveis de cada empresa?*

Exemplo startup: crescimento do seu alcance com pequenos varejistas em 20%.

Exemplo startup: crescimento do ticket médio em 10% no valor dos empréstimos.

Responsabilidades → *Quais os papéis de cada empresa na parceria?*

Exemplo startup: processos internos que viabilizam o crédito no período a ser combinado.

Exemplo startup: ativação diária da base de varejistas para conversão em venda de crédito.

Recursos → *Como cada empresa irá disponibilizar os seus recursos?*

Exemplo banco: duas pessoas da equipe de crédito disponíveis em tempo integral durante um mês, recursos para compra de mídia.

Exemplo startup: site e aplicativo com distribuição direta dos produtos de crédito do banco.

Financeiro → *Qual o modelo de negócios em si?*

Exemplo banco: (Receita) 90% com as vendas / (Custos) salários da equipe de crédito / (Investimentos) 500 mil reais para o plano de marketing.

Exemplo startup: (Receita) 10% com as vendas / (Custos) equipe comercial / (Investimentos) sem desembolsos por parte da startup.

Estratégia de distribuição → ***Como o objeto da parceria será levado ao mercado? Priorizar as ações com menor esforço (E) e maior impacto para o negócio (I).***

Exemplo banco: divulgação nas redes sociais, área no site exclusiva para o pequeno varejista, *webinar* sobre crédito com lista gerada pelo site.

Exemplo startup: *mailing* para toda a base de clientes da startup, curso sobre investimentos para os cem primeiros contratantes, podcast com o banco.

Disponibilizamos o modelo do Canvas de Parcerias Estratégicas para download por meio do QR Code a seguir. Basta fazer uma cópia e utilizar com a sua equipe. Os diferentes tipos de inovação com parceiros estão detalhados na sequência.

COLABORAÇÃO COM A INDÚSTRIA

Talvez este seja o tipo mais antigo de inovação aberta e nos mostre a importância da colaboração entre os diversos participantes de um ecossistema. Os exemplos históricos são muitos, desde os famosos Keiretsu japoneses – em que conglomerados de empresas atuantes em diferentes setores obtinham vantagens financeiras, operacionais e comerciais trabalhando juntas – até os arranjos produtivos existentes hoje em setores como automotivo e informática – em que diversas empresas desenvolvem produtos conjuntamente em uma cadeia altamente integrada.

O setor de tecnologia moderno trouxe novas nuances para este modelo de trabalho, uma vez que a digitalização dos produtos fez com que o acesso direto aos clientes finais ficasse muito mais simples e a facilidade de levar um produto de software ao mercado o tornou muito mais dinâmico. As grandes empresas de tecnologia atuam em setores muito variados, como games e software corporativo (Microsoft) ou publicidade e infraestrutura de nuvem (Amazon). Essa diversificação amplia e, ao mesmo tempo, dificulta a relação entre essas empresas. Eric Schmidt, CEO da Google na época, teve que sair do conselho da Apple quando esta descobriu que a Google estava conduzindo o projeto do Android, concorrente direto do iPhone (pelo menos em software).[55] Podemos ver as mesmas empresas brigando na justiça por patentes e simultaneamente desenvolvendo juntas tecnologia em outros segmentos.

No meio corporativo tradicional, este dinamismo está começando a se intensificar com as mudanças constantes nos canais de acesso a clientes e encurtamento dos ciclos de vida de produtos. Cada vez mais, empresas não relacionadas, ou até mesmo vistas como concorrentes, estão se unindo para o desenvolvimento de tecnologia ou padronização do mercado.

---

55 DR. Eric Schmidt resigns from Apple's board of directors. **Apple Newsroom**, 3 ago. 2009. Disponível em: https://www.apple.com/newsroom/2009/08/03Dr-Eric-Schmidt-Resigns-from-Apples-Board-of-Directors/. Acesso em: 20 ago. 2020.

O segredo desse tipo de parceria está no alinhamento de interesses e na gestão do projeto. É importante que as empresas envolvidas estejam profundamente alinhadas em seus objetivos e colocando o seu melhor na parceria. A complementaridade ajuda muito nessa hora. O mesmo princípio que aplicamos nas demais iniciativas é verdadeiro aqui: o time que operacionaliza a parceria deve estar 100% alocado no projeto, preferencialmente composto por pessoas das duas empresas. Além disso, a gestão do projeto deve ser conduzida de maneira disciplinada, preferencialmente utilizando os modelos ágeis, que ajudam muito em projetos com características incertas (veja os capítulos sobre a execução de projetos de inovação).

Um bom exemplo de complementaridade foi a parceria entre a Randon e a Weg. A Randon, fabricante de carretas de caminhão, se uniu à Weg, empresa com ampla experiência em motores elétricos, para desenvolver uma inovação conjunta de produto. Atentas à tendência de redução do uso de combustíveis fósseis, desenvolveram um eixo elétrico nas tradicionais carretas de caminhão, batizado de e-Sys. O eixo acumula energia durante as frenagens do caminhão e consegue gerar tração adicional, gerando até 25% de economia no uso de combustível.[56] Hardware e software para viabilizar o projeto também foram desenvolvidos em conjunto. O produto foi levado ao mercado rapidamente graças à colaboração de duas indústrias líderes em seus segmentos e altamente complementares.

[56] WEG e Randon lançam semirreboque elétrico. **Amanhã**, 6 fev. 2020. Disponível em: https://amanha.com.br/negocios-do-sul/weg-e-randon-lancam-semirreboque-eletrico. Acesso em: 01 set. 2020.

PARCERIAS DE DISTRIBUIÇÃO

O número de canais disponíveis para que as empresas cheguem até o cliente final só aumenta. Até pouco tempo atrás, as alternativas de distribuição para uma marca de bens de consumo, por exemplo, eram bastante restritas. Os canais eram simples, limitados a variáveis como região geográfica e perfil socioeconômico dos clientes. Esse cenário vem mudando drasticamente nos últimos anos. Um bom exemplo disso aconteceu durante a pandemia. Com a maioria da população em casa, grande parte da decisão de compra em algumas categorias passou a acontecer em aplicativos de delivery, como iFood e Rappi. Mesmo que estes aplicativos ainda trabalhem em conjunto com os varejistas, sob a ótica do cliente estamos falando de uma experiência de compra on-line. Esse fenômeno só fez aumentar a tendência *Direct to Consumer* (DTC), quando as indústrias de bens de consumo buscam canais para relacionamento direto com seus clientes finais.

A multiplicação de canais acontece em praticamente todos os ramos de negócio. Alguns anos atrás, se você quisesse comprar uma passagem aérea, as opções eram as lojas do aeroporto, televendas ou agências de turismo. Agora, além do site das próprias companhias, existem centenas de opções on-line de sites que comparam preços, como Kayak, OTAs (Agências de Turismo On-line) e Decolar, e sites que negociam milhas, como MaxMilhas. Você, como cliente, ganha opções e conveniência. As empresas aéreas, com suas margens já fragilizadas, ganham em volume, mas são penalizadas em sua lucratividade e perdem ainda mais poder de barganha e acesso ao cliente final.

O raciocínio de marketing continua o mesmo: *onde está o meu cliente e como posso posicionar meu produto ou serviço lá?* Um ótimo exemplo é o lançamento de "Astronomical",[57] o single do rapper Travis Scott no jogo on-line *Fortnite*, que aconteceu por meio de uma série de shows inteiramente virtuais para a audiência do jogo mais popular da atualidade. Durante alguns minutos, 12.3 milhões de jogadores[58] se reuniram para acompanhar o evento, sem contar com aqueles que assistiram via *streaming* através de canais como YouTube e Twitch. Em um mercado que foi completamente modificado nos últimos dez anos, como o fonográfico, nada mais emblemático do que uma completa revisão dos canais de distribuição.

Para uma boa parceria de distribuição, é importante que ambos os lados tenham clareza dos seus objetivos e os times trabalhem de maneira integrada para colocar em prática a parceria. Os dois lados precisam entender com clareza os *uniteconomics* (basicamente o funcionamento do motor de vendas e marketing) de cada negócio, de modo a fazer o modelo funcionar. Os *uniteconomics* podem ser simplificados como:

CAC → Custo de Aquisição de um cliente: trata-se do valor total investido em marketing e vendas, incluindo descontos, dividido pelo número de clientes conquistados no período calculado. Por

[57] ASTRONOMICAL. Travis Scott. [Single] Epic Records e Cactus Jack/Wicked Awesome, 2020.

[58] OCAL, A. Shoe de Travis Scott surpreende e bate record em Fortnite. **ESPN**, 24 abr. 2020. Disponível em: https://www.espn.com.br/esports/artigo/_/id/6883209/show-de-travis-scott-surpreende-e-bate-recorde-em-fortnite. Acesso em: 5 set. 2020.

exemplo: se eu tiver gasto 100 reais em marketing e tiver obtido dois novos clientes no mês, o meu CAC é 50 reais.

LTV → É o *lifetime value* de um cliente. Trata-se do valor total trazido pelo cliente ao longo do ciclo de vida do relacionamento com a empresa. Idealmente, contabilizamos a margem obtida pelas vendas ao longo do tempo e trazemos o montante total para valor presente.[59] Mas normalmente ele é calculado pelo valor total das compras realizadas. Por exemplo: se um cliente comprar três produtos de 100 reais ao longo de seis meses, podemos dizer que o LTV é 300 reais.

Relação CAC/LTV → Uma relação positiva de *uniteconomics* seria o LTV maior do que o CAC em uma proporção razoável. Utilizando os exemplos acima, consideraríamos uma relação de 1 para 6, ou seja, o LTV seis vezes maior que o CAC. Esta é considerada uma relação saudável. Para a maioria dos negócios uma relação de 1 (CAC) para 3 (LTV) é considerada boa.

Entendendo como ambas as partes ganham dinheiro, é possível desenhar um acordo que sobreviva às frustrações inevitáveis na implementação da parceria. Depois do acordo comercial, vem a operacionalização. Geralmente, o processo de implementação é mais rápido em casos em que pelo menos

[59] CUSTOMER Lifetime Value. Wikipedia, 22 ago. 2020. Disponível em: https://en.wikipedia.org/wiki/Customer_lifetime_value. Acesso em: 7 set. 2020.

uma das empresas já possui parcerias com outras empresas do setor. Quando se trata de uma novidade para ambos os negócios, é muito importante o alinhamento e o envolvimento entre os líderes dos dois lados (o canvas de parcerias estratégicas é uma ótima ferramenta para isso). Também é aconselhável trabalhar com uma equipe focada exclusivamente neste projeto, como nos demais modelos, para aumentar as chances de sucesso. É fundamental entender que ajustes deverão ser feitos ao longo do percurso.

As startups podem ser excelentes parceiras neste modelo de inovação. A maioria delas possui acesso a clientes ou produtos e serviços que possam enriquecer a oferta do parceiro. Um bom exemplo de parceria é o caso da Omie, startup que desenvolve softwares de gestão para pequenas e médias empresas. Identificando que 100% de seus potenciais clientes contratavam serviços de escritórios de contabilidade, a startup buscou um modelo de parceria em que os escritórios pudessem revender seus produtos. Identificando uma potencial fonte adicional de receita para os escritórios de um lado e a necessidade operacional dos escritórios em ter todos os dados de seus clientes em um só local de outro, a empresa montou um pacote muito bem aceito pelos parceiros. O resultado foi mais de 15 mil parceiros qualificados e mais de 25 mil clientes assinantes do seu software de gestão.[60]

---

[60] FONSECA, M. Startup que captou R$ 100 mi vai de softwear para conta digital às PMGs. **Exame**, 9 ago. 2019. Disponível em: https://exame.com/pme/startup-que-captou-r-100-mi-vai-de-software-para-conta-digital-as-pmes/. Acesso em: 10 set. 2020.

JOINT VENTURES (JV)

A união de duas ou mais empresas em um novo negócio é um modelo de trabalho bastante conhecido. Trata-se da união de forças para aproveitar conjuntamente uma oportunidade de mercado. Mais do que uma parceria, uma *joint venture* presume a criação de um novo negócio aproveitando as forças dos sócios envolvidos.

Você provavelmente não conhece a empresa chamada Verily, mas tenho certeza de que já ouviu falar na Alphabet, a empresa-mãe da Google. A Verily surgiu dentro da Google X (hoje apenas X[61]), o posto avançado de inovação da Google, para atuar na área de saúde. O modelo de operação da empresa é muito interessante. Ela trabalha, primariamente, em parcerias e *joint ventures* com empresas de setores relacionados à saúde, oferecendo aquilo que a Google faz muito bem: inteligência em dados. Unindo forças com empresas farmacêuticas, bens de consumo e universidades, a Verily busca criar projetos de pesquisa e ida a mercado conjuntos.

Um destes projetos foi a *joint venture* realizada com a Glaxo Smith Kline (GSK) para pesquisa em bioeletrônica. A nova empresa, chamada Galvani, é dedicada a pesquisar e levar ao mercado tecnologia envolvendo a implantação de pequenos *devices* no corpo humano, ajudando a tratar e prevenir doenças. Ambas as empresas se comprometeram a investir aproximadamente U$ 700 milhões no negócio.[62] Outra *joint venture* foi com a

[61] X. Disponível em: https://x.company/. Acesso em: 18 set. 2020.

[62] ABBANY, Z. Sete fatos sobre a parceria entre Google e GSK em bioeletrônica. MD, 3 ago. 2016. Disponível em: https://www.dw.com/pt-br/sete-fatos-sobre-a-parceria-entre-google-e-gsk-em-bioeletr%C3%B4nica/a-19445564. Acesso em: 15 set. 2020.

empresa japonesa Santen, especializada em oftalmologia. Entendendo que boa parte das doenças oftalmológicas pode ser prevenida com diagnóstico e tratamento precoce, a nova empresa une a experiência em hardware oftalmológico da empresa japonesa com a excelência em dados da Verily.[63]

Mas alguns cuidados são fundamentais para que a *joint venture* funcione bem:

Foco no médio-longo prazo → A criação de uma empresa nova é algo que demanda grande esforço por parte de todos os envolvidos. Uma startup leva, em média, três anos para começar a ter uma tração relevante no mercado. Ao desenhar um modelo de JV, é imprescindível ter clareza na expectativa de retorno e de criação de valor para os envolvidos ao longo do tempo. Simultaneamente, é necessário foco no acompanhamento detalhado do progresso do negócio. O orçamento também deve ser discutido, garantindo financiamento ao projeto mesmo que um dos participantes tenha problemas financeiros.

Controlar o ego corporativo → Com organizações diferentes atuando em cima de um mesmo propósito, é comum que os estilos e egos dos envolvidos possam afetar o desenvolvimento do negócio. Para evitar este problema, aconselhamos um desenho detalhado da governança, regras de saída do negócio e também

[63] HALE, C. Verily plans digital eye care joint venture with Japan's Santen Pharma. **Fierce Biotech**, 4 fev. 2020. Disponível em: https://www.fiercebiotech.com/medtech/verily-plans-digital-eye-care-joint-venture-japan-s-santen-pharma. Acesso em: 15 set. 2020.

que um executivo neutro seja apontado como líder da nova iniciativa. Em alguns casos, aconselhamos um parceiro especializado no apoio à condução do negócio.

Método e disciplina → Com um volume de investimento relevante na nova empresa, é fundamental que a execução do projeto maximize as chances de sucesso. Para isso, aconselhamos que o método de execução seja desenhado e combinado antes do início do projeto. A criação de um novo negócio, mesmo com recursos suficientes para seu desenvolvimento, ainda é um dos projetos mais complexos no mundo corporativo. O capítulo sobre execução de projetos pode ajudar bastante neste ponto.

Aportar o melhor de cada parceiro → Assim como no exemplo da Google, a união clara das forças de todos os envolvidos é um dos pontos fundamentais de uma JV de sucesso. Quando todos os parceiros têm excelência nas competências necessárias e trazem esse conhecimento para o novo negócio, as chances de sucesso aumentam consideravelmente. Ambos os parceiros precisam cuidar da cultura, pois entender o tipo de cultura que prevalecerá no novo negócio é um dos fatores fundamentais para o sucesso futuro.

Um bom exemplo de JV brasileira é a Juntos Somos Mais,[64] empresa criada pela Votorantim Cimentos, Gerdau e Tigre com

[64] JUNTOS SOMOS +. Disponível em: https://www.juntossomosmais.com.br/. Acesso em: 1 set. 2020.

o objetivo de desenvolver o mercado de fidelidade junto ao varejo de pequeno e médio porte no setor de construção civil. Utilizando a força de vendas das três indústrias participantes e chamando diversas outras empresas não concorrentes para juntarem-se como parceiras do programa, a nova empresa conseguiu mais de 55 mil pontos de venda e agora implementa soluções digitais para integrar cada vez mais o cliente no modelo. Este é um bom exemplo de parceiros complementares atuando em uma oportunidade conjunta de mercado e aportando canais de distribuição, não apenas capital, no negócio.

PARCERIAS, INVESTIMENTO E AQUISIÇÃO DE STARTUPS

Para muitas pessoas, startups são sinônimo de inovação. De fato, estão desbravando novos territórios e trazendo vários conceitos e formas de pensar para o mundo dos negócios. "Unicórnios", "Metodologia Lean", "Produtos Escaláveis" e tantos outros termos que hoje permeiam o vocabulário dos executivos vieram deste novo mundo criado pelas startups. É natural que as grandes empresas queiram se aproximar destes protagonistas da nova economia por meio de programas e parcerias. A realidade é que estes programas, geralmente, não trazem o valor esperado.

Anualmente, a ACE realiza uma pesquisa chamada ACE Innovation Survey, que colhe as percepções dos principais executivos à frente das iniciativas de inovação no país. Na edição de 2020, observamos que grande parte dos projetos de conexão estava direcionada apenas para a contratação de startups como fornecedoras. Apenas 31% das empresas possuíam programas de desenvolvimento conjunto de mercado com as participantes e 25% dos respondentes haviam investido em alguma delas. Esses dados mostram que a maior parte das empresas ainda aborda estes programas como algo tangencial ao negócio, em vez de como uma iniciativa que tenha respaldo estratégico.

Ao mesmo tempo, as startups também não se sentem motivadas a dedicar tempo e esforço para algo que não vai trazer retorno para o seu negócio. As principais razões por trás da frustração e dos baixos resultados são o descasamento de expectativas entre as partes, falta de clareza de objetivos da corporação, além da baixa experiência em realizar esse tipo de conexão.

Na ACE Cortex, já executamos centenas de programas corporativos e participamos de dezenas de projetos de fusões e aquisições entre grandes corporações e startups. Em nossa experiência, existem três pontos principais que podem ajudar uma grande empresa a criar um programa ou ações bem-sucedidas de parceria, investimento ou aquisição de startups:

1. Clareza em relação ao que está tentando realizar

Já falamos bastante da importância das ações táticas de inovação estarem subordinadas a uma estratégia clara do negócio. Infelizmente, em diversos casos de tentativas de aproximação entre grandes empresas e startups, a motivação está mais relacionada à exposição de mercado do que efetivamente à geração de resultados com o programa. No entanto, o mercado não está mais entendendo como diferenciação a criação desse tipo de programa devido aos inúmeros anúncios feitos na imprensa nos últimos anos, que anestesiaram essa percepção.

No livro *A estratégia da inovação radical*, Pedro falou sobre uma escala de potenciais objetivos que uma empresa poderia ter ao criar algum tipo de aproximação com startups, conforme a figura a seguir. No livro, foi reforçada a importância de respeitarmos a maturidade da companhia ao realizar esse tipo de aproximação. Uma empresa que decide comprar ou investir em startups sem antes ter vivenciado projetos mais simples provavelmente terá muita dificuldade em extrair algum tipo de resultado.

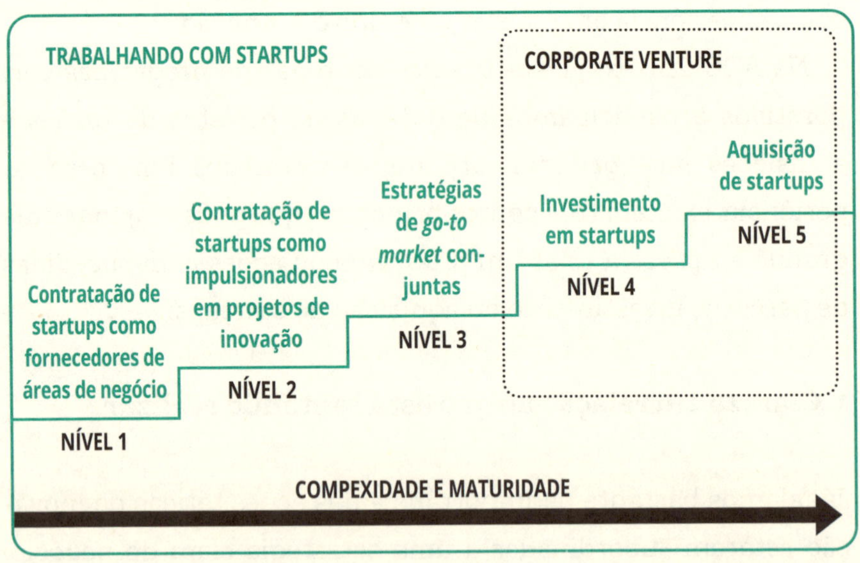

Quando o BTG Pactual decidiu criar um programa de aproximação com startups em 2017, a grande maioria dos grandes bancos de varejo nacionais já tinha criado seus centros de inovação com startups. Iniciativas como o Cubo, do Itaú, ou o

InovaBra, do Bradesco, já eram muito populares, atraindo tours de visitantes interessados em conhecer os programas e as startups residentes. A ideia era a utilização do espaço físico para a criação de comunidades e de densidade de investidores e agentes do ecossistema de startups brasileiro. Estes espaços foram muito bem-sucedidos nesta missão, abrigando centenas de startups em São Paulo. Caso o BTG decidisse competir nessa mesma arena, deveria investir em grandes espaços de *coworking* e ações de criação de comunidade.

A decisão sobre que caminho escolher seguiu um raciocínio estratégico muito interessante. Em vez de competir da mesma maneira pela atenção das startups, o BTG entendeu com clareza seus objetivos. Queria, ao mesmo tempo, trabalhar com as melhores startups do Brasil, com a possibilidade de investimento e aproximação com as diversas áreas e negócios do banco, e desenvolver um braço de serviços financeiros para essas startups. A decisão foi criar o BoostLab,[65] um programa para poucas startups por vez (de seis a nove), em turmas de seis meses, em que os principais sócios do banco poderiam apoiá-las de maneira personalizada e conectá-las com as diversas oportunidades de negócios dentro do ecossistema do BTG, além de oferecer mentorias com os maiores especialistas do Brasil e do mundo. Definiu-se, também, que o banco não teria qualquer tipo de contrato inicial com as startups e que o programa seria leve em carga horária, para garantir que as melhores se sentissem motivadas em participar sem se preocupar com o efeito em seus negócios.

[65] BOOST Lab. Disponível em: https://www.boostlab.com.br/. Acesso em: 4 set. 2020.

EMPRESAS QUE JÁ FORAM ALTAMENTE CAPITALIZADAS E RENOMADAS, COMO YAHOO, NOKIA E GE NOS MOSTRAM QUE DINHEIRO NÃO SALVA NINGUÉM.

OLHAR PARA FORA É UMA OBRIGAÇÃO SE QUEREMOS INOVAR.

Um dos aspectos importantes do programa é o envolvimento direto dos principais líderes do banco, bem como as parcerias efetivas das startups com as diferentes áreas da organização. Para garantir um rápido fluxo das interações e engajamento dos diversos públicos envolvidos no programa, o banco optou pela liderança do programa ficar diretamente a cargo de um sócio. Frederico Pompeu, como líder do BoostLab, trouxe o capital político necessário para o sucesso do programa e conseguiu, em pouco tempo, uma forte rede de relacionamentos dentro e fora do banco.

O resultado foi a criação de um dos principais programas de aproximação com startups do mundo, duas vezes premiado pela revista *Global Finance* e referência no ecossistema brasileiro.[66] O BTG não apenas investiu em empresas das turmas realizadas, como adquiriu algumas delas, e as indicações por parte das participantes fez com que as melhores startups do Brasil em suas áreas também entrassem no programa. E um indicador impressionante: mais de 70% das startups participantes fizeram de fato negócios com o banco.

Isso significa que qualquer programa deva ser completamente criado do zero? Não necessariamente. Cada programa deve respeitar o grau de maturidade e momento da empresa. O mais importante é entender se a companhia consegue dar vazão ao programa internamente e não vai frustrar as startups participantes. Além disso, é necessário criar indicadores claros para medir o desempenho do programa. Recomendamos medir a

[66] SPINALE, L. The Innovators 2020: Innovation Labs. Global Finance, 12 jun. 2020. Disponível em: https://www.gfmag.com/magazine/june-2020/best-innovation-labs-2020. Acesso em: 15 ago. 2020.

partir de negócios efetivamente realizados, pois é uma métrica clara e ajuda a orientar os objetivos do time envolvido.

2 . Alocação de recursos humanos e financeiros

"Basta abrir um programa com desafios e as startups se inscrevem, resolvendo-os quase de graça."

Já ouvimos esta frase mais de uma vez, infelizmente. É comum associarmos startups com programadores que trabalham dia e noite, comendo pizza, resolvendo os problemas de uma grande empresa no modelo *hackathon*. Isso não corresponde à realidade. Na verdade, os empreendedores que decidem criar um negócio são motivados pela criação de um negócio grande, que impacte o mercado em que estão inseridos. E um dos elementos mais importantes para as startups é a escalabilidade. Só é possível escalar vendendo o mesmo produto para milhares de clientes. E a customização para atender desafios específicos não condiz com este modelo.

Startups devem ser vistas como potenciais parceiros para trazer novas capacidades para a empresa, atingir novos clientes ou ofertar novos produtos aos clientes já existentes. Se a premissa das startups é a escalabilidade do produto, não faz sentido, por exemplo, exigir meses de *pitches*, workshops e encontros com a diretoria dos participantes desse tipo de programa. Acreditamos que quanto mais direto ao assunto e transparente for o programa de aproximação, mais resultados possíveis ele traz. E, para isso acontecer, é importante um time preparado e com recursos do outro lado da mesa.

O custo de um programa de aproximação é muito maior do que a parte de seleção e atividades desenhadas ao longo do tempo. Se a empresa realmente quiser obter resultados relevantes, é preciso pensar cuidadosamente nos objetivos e alocar pessoas que consigam um bom tráfego interno nas diversas áreas do negócio, além de experiência prática com o mundo das startups. E experiência prática não é já ter organizado eventos com startups. É, de fato, ter vivenciado a realidade destes empreendedores, conhecer suas metodologias e também conseguir conversar com as necessidades da empresa. E sabemos, por experiência, que essas pessoas são raras. Muitas vezes, um parceiro pode suprir várias dessas capacidades.

Além disso, é necessário alocar recursos financeiros para realizar as provas de conceito (projetos-piloto conjuntos) com as startups. Em alguns casos, é necessário customizar alguns sistemas corporativos, em outros, financiar ações de marketing para levar o produto ao mercado, por exemplo. Dependendo do programa, pode-se alocar capital também para investimento ou aquisição de algumas startups participantes do programa. Esta estruturação aumenta muito a chance de obtermos resultados concretos, além de atrair as melhores startups.

Existem mais de 12 mil startups no Brasil segundo a Associação Brasileira de Startups.[67] E é claro que existe uma distribuição de qualidade e estágios de desenvolvimento. As melhores entre elas estão colocando toda a energia no crescimento da empresa

[67] CARRILO, A. F. Crescimento das startups: veja o que mudou nos últimos cinco anos! **AbStartups**, 11 fev. 2020. Disponível em: https://abstartups.com.br/crescimento-das-startups/. Acesso em: 12 ago. 2020.

e não estão preocupadas em se inscrever em programas pouco claros ou que fazem exigências não razoáveis. Programas mal estruturados acabam, invariavelmente, atraindo a outra ponta da curva, a das startups que estão muito no início ou que não estão conseguindo avançar. Isto pode causar o efeito da seleção adversa,[68] ou seja, afastar as melhores startups e trazer aquelas que reduzem consideravelmente as chances de sucesso.

Caso a empresa ainda não esteja pronta para assumir um compromisso nessa frente, acreditamos que existem várias formas de trabalhar com startups fora dos programas de aproximação. Simplesmente começar a trazer startups como fornecedores das diversas áreas de negócio já oferece um primeiro impacto no entendimento do que são essas empresas e como elas podem ajudar o negócio, por exemplo.

3. Investir e adquirir startups sem ajuda profissional

No Brasil, já existe mais de uma centena de veículos de investimento em startups, sem contar os milhares de investidores-anjo também aportando capital. Esta atividade vem ganhando muita força e deve crescer consideravelmente nos próximos anos. Investir em uma startup é uma das atividades mais complexas com que já nos deparamos. Quando a ACE começou, em 2012, tínhamos diversas ideias a respeito do que funcionava ou não.

68 SELEÇÃO Adversa. Wikipédia, 7 set. 2020. Disponível em: https://pt.wikipedia.org/wiki/Sele%C3%A7%C3%A3o_adversa#:~:text=Sele%C3%A7%C3%A3o%20adversa%20%C3%A9%20um%20fen%C3%B4meno,bens%20e%20servi%C3%A7os%20no%20mercado. Acesso em: 10 ago. 2020.

Quase todas elas foram derrubadas com a prática. Conseguimos muito sucesso em nossos investimentos, mas foi preciso anos de estudo, tentativa e erro.

Adicionando aos investimentos o elemento corporativo, temos mais uma camada de complexidade. Enquanto os investidores de *venture capital* (VC) buscam o retorno a partir de eventos de liquidez da empresa (venda do negócio ou da participação do investidor), os investidores corporativos buscam, em sua maioria, sinergia com o negócio atual e as estratégias de crescimento da empresa em que está investindo. Parece mais simples do que é de fato.

Imaginem uma startup que recebe investimento de um investidor de mercado. A empresa deve continuar crescendo e, eventualmente, vai precisar de novas rodadas de investimento de outros VCs. O objetivo é uma eventual venda para um comprador estratégico (uma grande empresa, por exemplo) ou até mesmo uma oferta pública de ações. Neste caso, os envolvidos vão fazer todo o esforço possível para maximizar o valor de mercado dessa empresa, impulsionado pelo crescimento e por diversas outras métricas relevantes do seu respectivo modelo de negócios. Quando adicionamos um investidor corporativo, o cenário muda consideravelmente.

O investidor corporativo já tem um interesse claro, que é integrar seu negócio ao da startup, comprar a empresa ou assumir uma fatia de participação maior. E é aí que começa o conflito de interesses. Se o próprio comprador já é sócio do negócio, como alinhar os interesses com os demais acionistas, que buscam maximizar o seu retorno? Invariavelmente, existirá uma tendência em direcionar o caminho do negócio e potencialmente reduzir a possibilidade de outros compradores, talvez até concorrentes do investidor corporativo, se interessarem pela startup.

Em nossa experiência, aprendemos que é possível minimizar esse tipo de conflito de maneira simples, utilizando método e profundo conhecimento de ambas as partes, assunto que abordaremos mais detalhadamente a seguir.

O investimento corporativo em startups é algo que não se resume ao desembolso financeiro.. Na verdade, alocar capital para investir é algo bastante trivial na maior parte das grandes empresas. Algo que fazem há anos. Na ACE Cortex, desenvolvemos esta jornada para ajudar as corporações a entender tudo o que envolve o investimento em startups:

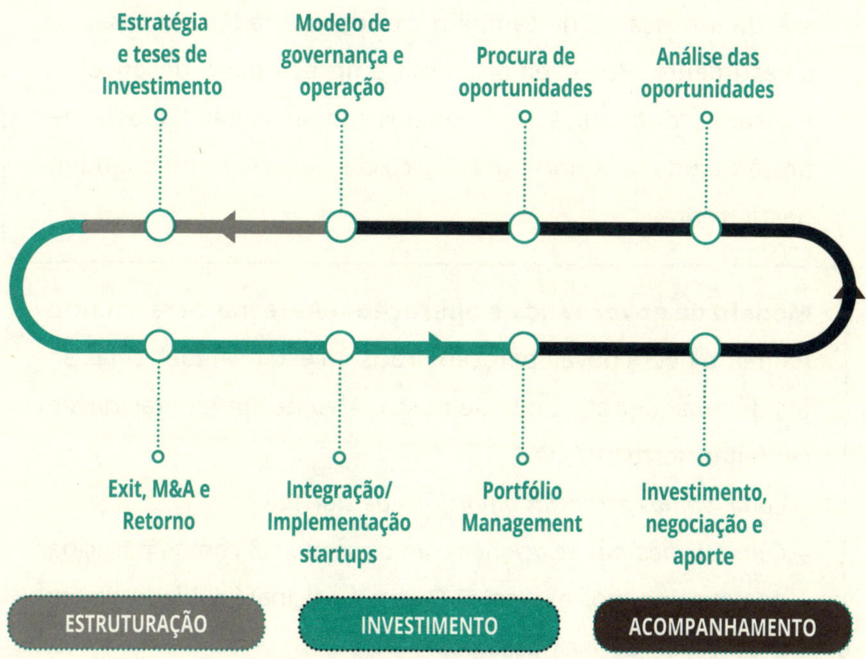

O modelo é composto por três grandes etapas. Em um primeiro momento, estruturamos o que queremos e alinhamos nossos esforços de *corporate venture capital*. A segunda etapa é a realização do investimento em si. E a terceira parte do modelo é a parte do acompanhamento do portfólio de startups investidas. Estruturamos o modelo de maneira circular para mostrar que existe sempre uma curva de aprendizado oriunda do momento em que executamos as primeiras rodadas ponta a ponta.

Estratégia e teses de investimento → Este é o ponto fundamental para qualquer estratégia de inovação e é o primeiro item da nossa lista. Precisamos alinhar a estratégia de CVC com a estratégia corporativa. Falamos anteriormente nas teses de inovação, que também são desdobradas em teses de investimento. Por exemplo, uma empresa pode desenvolver a tese de "distribuição através dos canais digitais", e essa definição ajudaria a nortear a busca de negócios que a ajudem nesta frente.

Modelo de governança e operação → As regras para o funcionamento dessa nova operação precisam estar estabelecidas antes de qualquer atividade de busca. Algumas perguntas devem ser feitas neste estágio:

→ *Como vamos gerenciar o portfólio de startups?*
→ *Como vamos nos relacionar com as startups?* Vamos participar do conselho, por exemplo? Quem participará do lado da empresa? Qual será a nossa postura?

→ *Vamos buscar a compra da startup futuramente?* Em caso afirmativo, como tomamos esta decisão? O que acontece depois de uma compra?

→ *Qual estágio de startup vamos priorizar?*

→ *Quanto vamos investir por startup?* Existe alguma política de *pro rata* (acompanhar os aportes quando a startup receber novas rodadas de investimento)?

→ *Quais os direitos que vamos exigir no contrato de investimento?*

→ *Utilizaremos algum veículo de investimento para organizar a atividade?* Qual é a melhor solução do ponto de vista tributário e operacional?

Estes são apenas alguns exemplos de perguntas que devem ser exaustivamente debatidas antes de iniciar a trajetória de investimentos.

Procura de oportunidades → Aqui se define como a empresa vai buscar potenciais startups para investimento ou aquisição. As definições anteriores vão ajudar a empresa a encontrar as startups com mais assertividade. Muitas empresas acreditam ser suficiente abrir uma chamada pública de startups. Nos programas corporativos que já executamos, cerca de 70% das startups escolhidas são buscadas através do chamado "recrutamento ativo". A ACE foi pioneira no Brasil na criação da função de Startup Hunter, profissionais responsáveis por buscar e selecionar as melhores oportunidades no mercado.

Análise das oportunidades → A forma de avaliação das startups escolhidas é determinada neste estágio. Diagnósticos profundos são necessários para a tomada de decisões. Em todos os nossos processos de avaliação, analisamos as seguintes variáveis:

- → *Mercado:* o problema que ela resolve é relevante? Qual é o potencial de crescimento da startup no mercado? Como estão seus principais concorrentes? Quais os seus diferenciais em relação a eles?
- → *Produto:* como é sua usabilidade? Qual é a sua tecnologia? Existem barreiras tecnológicas em relação aos concorrentes? Quais são as métricas de uso do produto e como elas performam em relação ao tempo? Como está o plano de desenvolvimento do produto?
- → *Marketing e Vendas:* como estão evoluindo as métricas do funil de vendas e canais de aquisição? Qual a relação entre CAC e LTV? Como está o índice de satisfação da startup? Existe uma estratégia de marca clara?
- → *Estratégia*: qual é a estratégia de crescimento da startup? Como ela se posiciona no futuro do seu mercado? Qual é a visão do CEO? Existe um *board* de investidores ou mentores? Eles são ativos?
- → *Time*: qual é o perfil dos fundadores? O time tem experiência prévia? Qual é o perfil do restante do time? Como a cultura é percebida na empresa? Como funciona o processo de recrutamento? Como está o índice de retenção de colaboradores? Existe alguma métrica de satisfação interna? Como ela está?
- → *Gestão*: como as métricas de negócio estão se comportando? Como está o caixa da empresa? Como a alocação de recursos é dividida? Como está a queima de caixa e como a empresa faz a sua gestão?

O tipo de informação que deve ser levada ao comitê de investimentos e as regras da *due diligence* (avaliação detalhada do negócio) também são estabelecidas aqui. A ideia é fugir das armadilhas do pensamento de grupo e dos inúmeros vieses dos envolvidos.

Investimento, negociação e aporte → Todos os trâmites, desde a negociação com os empreendedores até a parte contratual e o aporte na empresa efetivamente, são feitos nesta etapa.

Gestão do portfólio → Uma vez tendo empresas investidas ou adquiridas, é preciso ter uma boa gestão de portfólio, entendendo como a organização pode ajudar de fato cada uma das suas empresas investidas e como criar cada vez mais sinergia com seus negócios e objetivos. Esta etapa é necessária para garantir o sucesso da operação.

Integração das startups → Em alguns casos, será necessário a integração das startups adquiridas com as diversas áreas de negócio da empresa. Para esta etapa é necessário um plano claro e forte alinhamento de expectativas entre todas as partes. Além disso, é importante também replanejar e adaptar quando necessário.

Exit, M&A e retorno → O objetivo final é sempre maximizar o negócio para ambas as partes. Ao longo do ciclo de vida dos acordos, chega a hora de tomar decisões a respeito dos próximos passos. Em alguns casos, opta-se por vender o negócio para outra empresa. Em outras situações, compra-se o controle da startup. E, por fim, é possível também que ela seja completamente absorvida pela operação (integrada ao negócio principal da empresa). A decisão quanto ao modelo ideal é tomada ao longo do tempo, sempre tendo em vista a governança estabelecida e os resultados obtidos até então.

Entendendo cada um destes passos, perguntamos: qual é a probabilidade de uma corporação inexperiente no tema conseguir adquirir essas competências rapidamente? Em nossa experiência, é muito difícil isso acontecer. Os fundos especializados levam anos para adquirir esse tipo de conhecimento. E a contratação de profissionais destes fundos é muito difícil, pois a grande maioria tem sociedade nos resultados (e os resultados levam dez anos, no mínimo, para começar a acontecer), além de existir um número bastante reduzido de pessoas com essas competências no mercado.

É justamente por isso que recomendamos que as empresas utilizem parceiros para gerar resultados em suas iniciativas de *corporate venture* rapidamente. Os parceiros podem apoiar o processo completo ou ajudar em pontos específicos da jornada, como a definição da governança ou a negociação e o acompanhamento do portfólio.

OUTROS MODELOS DE INOVAÇÃO ABERTA

O conceito de inovação aberta é bastante amplo e está em constante evolução. Um dos mais antigos modelos – que, para muitas pessoas, é o que primeiro vem à mente quando falamos do tema – é a parceria com o meio acadêmico. Acreditamos que o modelo tem potencial de resultados, mas são raros os casos no Brasil nos quais este tipo de parceria gerou sucesso relevante. Os casos que mais se destacam se concentram nas incubadoras e parques tecnológicos, que fazem parcerias com corporações para desenvolvimento de projetos específicos.

Algumas iniciativas têm a participação de empresas, especialmente como patrocinadoras de programas, geralmente com o objetivo de encontrar talentos ou desenvolver tecnologia com a participação dos estudantes. Acreditamos que estes modelos são extremamente relevantes do ponto de vista prático e incentivamos um aumento das parcerias entre a academia e o meio corporativo. Entretanto, ainda observamos muita dificuldade em transpor a inovação do meio acadêmico ao mercado. Certamente é uma frente importante a ser explorada.

Alguns órgãos reguladores possuem regras que buscam fomentar o P&D (Pesquisa e Desenvolvimento), destinando parte da receita das empresas a projetos em parcerias com empreendedores e academia. Destacamos a Aneel, que possui o Programa de Pesquisa e Desenvolvimento Tecnológico do Setor de Energia Elétrica[69] e já ajudou a financiar diversos projetos com impactos reais no mercado de energia. O mais importante, nesse tipo de projeto, é que pessoas com perfil empreendedor estejam à frente das iniciativas. Existe o risco de a pesquisa

[69] PROGRAMA de Pesquisa e Desenvolvimento Tecnológico do Setor de Energia Elétrica. Aneel. Disponível em: https://www.aneel.gov.br/programa-de-p-d. Acesso em: 17 ago. 2020.

estar desconectada da realidade do mercado, um dos principais obstáculos desse tipo de inovação. Os recursos disponíveis para esse tipo de projeto são consideráveis e existe um aumento do enfoque em negócios, potencializando o impacto no ecossistema brasileiro.

Não nos aprofundamos nos chamados *hackatons* corporativos neste capítulo por entendermos que, normalmente, não geram impacto relevante nos negócios. *Hackatons* são eventos de curta duração (um ou dois dias), nos quais pessoas se reúnem para resolver desafios específicos da empresa, tendo direito a uma premiação no fim do processo, caso sejam bem-sucedidas. Embora mais de 50% das empresas de grande porte realizem esse tipo de projeto, de acordo com a ACE Innovation Survey 2020, não observamos resultados concretos no que diz respeito à inovação. As dificuldades vão desde a superficialidade das soluções apresentadas devido ao curto espaço de tempo, até perfil dos participantes e os obstáculos de integração dos produtos finais ao negócio.

Embora os *hackatons* gerem pouco resultado, em nossa experiência, existem formas de colaborar com o ecossistema que podem funcionar. Uma modalidade bastante comum no mercado são os desafios. As empresas anunciam publicamente as áreas em que precisam de ajuda e aguardam os potenciais interessados se inscreverem. Não acreditamos em desafios específicos para startups, pois, devido à característica escalável de seus modelos de negócio, geralmente não faz sentido se dedicarem a um único desafio empresarial, sob o risco de prejudicar o seu próprio negócio. O que não se aplica se considerarmos outros tipos de equipe. Ou seja, entendemos que quanto mais aberto a qualquer público for o desafio, maiores as chances de sucesso. Um bom exemplo disso é a InnoCentive, empresa de inovação aberta americana.

Em 1998, uma equipe na farmacêutica Eli Lilly começou a trabalhar com o conceito de inovação aberta para entender abordagens da internet para os negócios. O projeto evoluiu a ponto de criarem uma nova empresa. A InnoCentive foi oficialmente lançada em 2001 com um modelo de premiação por desafios. A empresa colocava desafios específicos na plataforma, dando, inclusive, acesso a dados que pudessem ajudar os times a entender melhor o problema. Qualquer pessoa do mercado podia se inscrever no desafio e montar um time para resolvê-lo. Se fosse confirmada a solução, a empresa pagava o valor do prêmio ao time vencedor. Em 2006, a InnoCentive recebeu investimento liderado pelo grupo Spencer Trask e se tornou uma companhia independente. Centenas de desafios já foram abertos por empresas na plataforma, com diversos casos de sucesso.

A XPrize é outro exemplo interessante de inovação aberta. A empresa foi lançada em 1996 com o desafio de levar uma aeronave duas vezes ao espaço no intervalo de duas semanas.[70] Os participantes deveriam ser 100% privados, sem apoio do governo. O prêmio teve um vencedor, que foi financiado pelo cofundador da Microsoft, Paul Allen. Embora o prêmio fosse de 10 milhões de dólares, foram investidos mais de 100 milhões de dólares pelos

[70] XPRIZE. Disponível em: https://www.xprize.org/prizes/ansari. Acesso em: 17 ago. 2020.

financiadores dos times participantes. A partir do sucesso deste desafio, Peter Diamandis, o fundador, viu potencial em resolver outros grandes problemas que o mundo enfrenta e abriu o leque de áreas de atuação. Os prêmios da XPrize vão desde a construção de foguetes de pequeno porte, passando pela purificação de água, até a alfabetização de adultos. É uma organização sem fins lucrativos, que conta com patrocinadores de grande porte[71] e diversos empreendedores, cientistas e celebridades nos conselhos da empresa.[72]

Tanto a InnoCentive quanto a Xprize são exemplos de *crowdsourcing*, que significa utilizar o conhecimento coletivo para resolver problemas ou prestar serviços específicos. Acreditamos que este tipo de configuração possui mais aderência à lógica dos desafios do que centrá-los apenas em startups. A melhor maneira de pensar diferente sobre um problema é através da diversidade, e colocar o foco excessivamente em um tipo de empresa limita o potencial ganho deste tipo de desafio.

Outro ponto fundamental é a absoluta clareza em relação ao que buscamos e ao problema que queremos resolver. Sem saber o que esperar, existe alta probabilidade do processo não avançar com velocidade quando os primeiros candidatos se inscreverem no programa. A outra questão fundamental é ter um time pronto para conduzir a solução dentro da empresa. Já presenciamos diversos programas em que as soluções

---

[71] XPRIZE. Disponível em: https://www.xprize.org/about/benefactors/sponsors. Acesso em: 17 ago. 2020.

[72] XPRIZE. Disponível em: https://www.xprize.org/about/people/our-board. Acesso em: 17 ago. 2020.

apresentadas não foram para frente devido à baixa articulação de quem está à frente e à pouca visibilidade da liderança. Nada é mais frustrante para todos os envolvidos do que projetos promissores não avançarem.

PRÓXIMO PASSO

A inovação aberta pode ser uma ferramenta muito eficaz para dar velocidade aos processos de inovação e trazer novas ideias e perspectivas para as empresas rapidamente. A maioria dos negócios está mais aberta aos potenciais ganhos com este tipo de recurso, e acreditamos em uma tendência de crescimento em todos os tipos de parceria, especialmente o relacionamento entre grandes empresas e startups. Estamos presenciando um maior amadurecimento do mercado e clareza de expectativas, com casos de sucesso cada vez mais comuns.

A inovação aberta ainda está na sua infância. Existem vários caminhos ainda a serem explorados, como a colaboração internacional, alavancada pela redução das barreiras físicas (impulsionada pela pandemia). À medida que os negócios perceberem que várias das barreiras existentes entre as empresas e o mercado são mais psicológicas do que reais, mais projetos serão realizados com o objetivo de colaborar e gerar receita conjuntamente.

A riqueza, felizmente, não é finita, e a recombinação das peças do tabuleiro tem o potencial de destravar valor como nunca vimos antes na história dos negócios. Colaborando e pensando conjuntamente em como gerar mais riqueza e tornar o ambiente de negócios e o planeta continuamente melhores, descobrimos o potencial de transformar a nossa realidade em um espaço pequeno de tempo. Esperamos que você utilize cada vez mais o conceito de inovação aberta e crie os novos caminhos do mercado. •

O MERCADO ESTÁ AMADURECENDO, MAS AINDA EXISTE MUITO ESPAÇO PARA EXPLORAR PARCERIAS INOVADORAS.

Capítulo 6

TRANSFORMAÇÃO DO NEGÓCIO PRINCIPAL

QUESTIONANDO AS ORTODOXIAS DO MERCADO

Nos últimos anos, muito tem se falado sobre a necessidade de os negócios estarem transformados para uma nova realidade de mercado. Parte disso deve-se às mudanças de comportamento dos consumidores. Estamos falando do comércio digital, pagamentos de contas, transporte urbano, trabalho remoto (potencializado após a pandemia da covid-19), entre diversas outras rotinas que foram completamente impactadas pelo avanço da tecnologia.

Falamos com André Fatala, diretor de tecnologia da Magalu, em 2019, quando o executivo nos mostrou a estratégia da companhia e como foi todo o processo de transformação digital da empresa. Na oportunidade, ele nos fez uma pergunta no mínimo intrigante: "Você quer ser digital ou estar no digital?". A resposta para essa pergunta diz muito sobre a maneira de pensar digitalmente e a estratégia adotada. Se a estratégia for apenas estar no digital, significa que existe um caminho a ser estruturado para chegar a este objetivo entendendo que todos os mercados estão constantemente se reinventando. Essa estratégia é classificada como "dinâmica" por Hamilton Helmer na obra 7 *Powers*,[73] que fala de tipos de estratégias empresariais. Se a resposta for "ser digital", estamos falando da estratégia estática, um estado que queremos atingir, que é o que mantém a empresa competitiva por muito mais tempo. O primeiro passo é entender o cenário em que a empresa está e como projetar o futuro.

---

[73] HELMER, H. **7 Powers: The Foundations of Business Strategy**. Los Altos: Deep Strategy, 2016.

O Grupo Natura é um exemplo de empresa que investiu na transformação do negócio principal. O tradicional modelo de vendas diretas, através das consultoras, que foi adotado há quase 50 anos,[74] fez do Grupo uma potência no setor de cosméticos. Para se ter uma ideia do tamanho do impacto nesse modelo, o número de consultoras ultrapassou a marca de 6 milhões em 2019, ano de aquisição da Avon que fez o Grupo se tornar o maior do mundo operando com esse tipo de canal. [75]

Com o passar dos anos, a Natura entendeu que, não só o canal precisaria se digitalizar, mas também a própria consultora. A empresa digitalizou os seus canais de relacionamento, plataformas com dicas de beleza e vendas diretas para o consumidor. Grande parte da operação de vendas e dicas de uso continuou sendo trabalhado pela consultora, que agora consegue se relacionar com os seus clientes que estão geograficamente distantes aumentando o seu raio de atendimento e, consequentemente, suas vendas. A consultora passou a ter em mãos novos aplicativos de gestão de pedidos, controle de gastos, progresso de carreira e até treinamentos.[76] Inúmeros benefícios foram criados para engajar ainda mais o papel da consultora, como descontos em escolas de inglês, medicamentos,

---

[74] NATURA. **Nossa história**. Disponível em: https://www.natura.com.br/a-natura/nossa-historia. Acesso em: 2 out. 2020.

[75] SALOMÃO, K. Os principais números da Natura após a compra da Avon. **Exame**, 23 maio 2019. Disponível em: https://exame.com/negocios/os-principais-numeros-da-natura-apos-a-compra-da-avon/. Acesso em: 2 out. 2020.

[76] SALOMÃO, K. Natura cresce no comércio eletrônico e muda a cara das consultoras. **Exame**, 21 ago. 2018. Disponível em: https://exame.com/negocios/natura-cresce-no-comercio-eletronico-e-muda-a-cara-de-consultoras/. Acesso em: 2 out. 2020.

consultas, exames, participação em eventos, premiação com viagens e entre outros.[77]

Todo o processo de entendimento do como chegar ao consumidor final de maneiras mais eficientes e engajar mais ainda o seu canal de distribuição é fruto de estratégias de transformação do negócio principal. A empresa constantemente investe em iniciativas que incentivam a inovação interna e a inovação aberta. Um exemplo disso é o **corageN**, programa que selecionou e contratou 20 pessoas para desenvolverem quatro negócios inovadores internos ou para o mercado externo da companhia.[78] O programa trabalhou a diversidade como um dos pontos-chave e utilizou a inteligência artificial na seleção dos candidatos. Outro exemplo é a sua atuação com startups, segmento que investiu em empresas como a Singu,[79] *marketplace* que conta com uma rede de três mil profissionais que prestam serviços de beleza e que hoje possui 200 mil clientes ativos, permitindo a entrada de novas fontes de receita em serviços para a consultora Natura e outras possibilidades de distribuição de produtos.

A combinação da estratégia analógica de vendas diretas para a digital, incentivos internos para o desenvolvimento de novos negócios e o envolvimento com startups permitiu que o Grupo

[77] 10 RAZÕES para se tornar uma Consultora de Beleza Natura. **Claudia**, 24 out. 19. Disponível em: https://claudia.abril.com.br/carreira/10-razoes-para-se-tornar-uma-consultora-de-beleza-natura/. Acesso em: 2 out. 2020.

[78] QUER empreender com a natura? Conheça o programa CorageN. **Natura**, 5 set. 2018. Disponível em: https://www.natura.com.br/blog/mais-natura/quer-empreender-com-a-natura-conheca-o-programa-coragen. Acesso em: 2 out. 2020.

[79] VALENTI, G. Mais digital do que nunca, Natura investe em startup de beleza Singu. **Exame**, 10 ago. 2020. Disponível em: https://exame.com/exame-in/mais-digital-do-que-nunca-natura-investe-em-startup-de-beleza-singu/. Acesso em: 2 out. 2020.

Natura passasse pela pandemia melhor preparado em relação a grande parte do mercado mundial. No segundo trimestre de 2020, a companhia obteve crescimento de 225% em relação ao mesmo período de 2019 nas vendas pelo e-commerce e a produtividade da consultora aumentou 6,9%, chegando ao décimo quinto trimestre consecutivo de aumento. Com exceção da Avon, todos os outros negócios que compõem o grupo registraram alta nos seus principais indicadores de performance. Para manter o ritmo acelerado, a companhia ainda anunciou novos investimentos em sua transformação para o segundo semestre de 2020 na ordem de 400 milhões de reais.[80] O constante investimento em inovação foi reconhecido pelo *Valor Econômico*, que premiou a companhia com o primeiro lugar no ranking das empresas mais inovadoras do Brasil.[81]

Outro exemplo é a XP Investimentos, empresa que vem sofrendo grande transformação nos últimos anos. Desde 2018, o CEO e fundador Guilherme Benchimol iniciou uma jornada digital que buscava permitir que a empresa atendesse melhor todos os seus públicos, desde seus colaboradores, passando pela rede de agentes autônomos, investidores e clientes finais. Ele entendeu que o mercado financeiro já estava sendo altamente impactado pelas *fintechs* e que haveria uma oportunidade de inserir a XP nesse ecossistema.

[80] RESULTADOS do segundo trimestre de 2020. **Natura&Co**, 14 ago. 2020. Disponível em: https://s3.amazonaws.com/mz-filemanager/9e61d5ff-4641-4ec3-97a5-3595f938bb75/e832b21c-b146-47bf-9233-4728043feb72_presentation%20q2-20%20august%2014%202020_pt.pdf. Acesso em: 2 out. 2020.

[81] OLMOS, M. Natura recebe prêmio de empresa mais inovadora do Brasil. **Valor Econômico**, 17 set. 2020. Disponível em: https://valor.globo.com/inovacao/noticia/2020/09/17/natura-recebe-premio-de-empresa-mais-inovadora-do-brasil.ghtml. Acesso em: 2 out. 2020.

No início, Benchimol trabalhou a cultura de inovação na alta liderança. Ele e os seus executivos passaram a estudar ecossistemas de inovação pelo mundo e conhecer casos de sucesso e insucesso.[82] Um dos primeiros passos foi distribuir entre os diretores o livro *Organizações exponenciais*,[83] de Salim Ismail, que fala justamente sobre este tipo de transformação em empresas, apontando a diferença entre a visão linear tradicional e o modelo exponencial adotado pelas empresas mais inovadoras. O objetivo era dar um choque de realidade na alta direção, provocá-los a pensar diferente. E, a partir daí, eles iniciaram discussões do que poderia ser feito. O que seria necessário fazer para atender o investidor XP de maneira infinitamente melhor que o restante do mercado? Como adaptar a empresa inteira para uma nova realidade, muito mais digital, menos burocrática e ágil em todos os sentidos? Assim, teve início o processo de transformação do negócio principal da companhia.

Em 2018, o time de inovação se dividia em dois squads pequenos. No mesmo ano, foram alocadas quase cem pessoas, trabalhando somente em projetos de inovação dentro da estratégia digital da companhia. Para se ter uma ideia, em 2020 esse time está com mais de 650 pessoas. Isso significa que os esforços com projetos desse tipo são hoje, no mínimo, seis vezes maiores do que os do primeiro ano.

---

[82] CAMARGO, B.; SARAIVA, A.; BARQUETTE, T. (executivos da XP Investimentos). [Entrevista concedida a] Pedro Waengertner, Sulivan Santiago e Victor Navarrete em 26 mai. 2020.

[83] ISMAIL, S.; MALONE, M. S.; VAN GEEST, Y. Organizações exponenciais: Por que elas são 10 vezes melhores, mais rápidas e mais baratas que a sua (e o que fazer a respeito). São Paulo: Alta Books, 2019.

O processo permeou quatro pilares da transformação: Metodologias, Estratégia, Mentalidade de Inovação e Marca Empregadora. Falaremos mais adiante sobre a importância dos pilares e de suas diretrizes para qualquer empresa que precise passar por esse processo. Para a XP, os resultados esperados foram os seguintes:

PILAR	RESULTADOS ESPERADOS
 Metodologias	Implantação de novas metodologias de trabalho, como os métodos ágeis.
 Estratégia	Visão futura da empresa e do mercado; realinhamento de Key Performance Indicator (KPIs), ou indicador-chave de desempenho; estruturação de Objectives and Key Results (OKRs), ou objetivos e resultados chave nos times e inserção das áreas de negócios dentro da transformação.
 Mentalidade de Inovação	Aculturamento organizacional que permeia a colaboração, experimentação, transparência e outros elementos de inovação.
 Marca Empregadora	Estratégia de criação de valor da marca para atração do perfil de talentos necessários para a transformação.

Todos os esforços realizados desde então permitiram que a empresa pensasse, operasse e entregasse valor de maneira diferente.

A companhia criou negócios internos lucrativos e inovadores, como a XP Seguros (já mencionada no capítulo Execução de Projetos), tornou mais fácil e acessível investir através das suas plataformas digitais, comprou quatro startups somente em 2020,[84] apostando contra a crise provocada pelo coronavírus e ampliando o nível de contato com o seu cliente final. Também passou a oferecer uma série de produtos financeiros e mais conveniência para investir. A atração de novos colaboradores com o perfil intraempreendedor necessário para rodar os projetos de inovação não mais é um problema e os times estão engajados com a forma de se trabalhar dentro da empresa.

Os resultados: em 2019, a empresa realizou a nona maior oferta pública (IPO) de ações do mundo, captando 2,25 bilhões de dólares na bolsa norte-americana Nasdaq e sendo avaliada, na estreia, em 14,9 bilhões de dólares (cerca de 75 bilhões de reais). Em seu prospecto antes do IPO, a empresa reportou 1,5 milhões de usuários ativos com crescimento de mais que o dobro em relação ao ano anterior. Em ativos sob custódia, o valor ultrapassara 350 bilhões de reais, 93,4% a mais do que no mesmo período de 2018. E o lucro? Superior em 75% também em relação ao ano anterior (656 milhões de reais em 2019 até o momento do lançamento do prospecto). Sua métrica de satisfação (Net Promoter Score) estava em 71, valor considerado bastante relevante neste setor.[85]

[84] 2Q20 EARNING Release. **XP Inc.**, 11 ago. 2020. Disponível em: https://www.globenewswire.com/news-release/2020/08/11/2076729/0/en/XP-Inc-Reports-2Q20-Financial-Results.html. Acesso em: 10 set. 2020.

[85] Investing.com Brasil. IPO da XP: Veja os detalhes da oferta bilionária que será realizada nos EUA. **MoneyTimes**, 11 nov. 2019. Disponível em: https://www.moneytimes.com.br/ipo-da-xp-veja-os-detalhes-da-oferta-bilionaria-que-sera-realizada-nos-eua/. Acesso em: 10 set. 2020.

Até o momento da publicação deste livro, a empresa já havia atingido 134 bilhões de reais em valor de mercado. Casos como estes da XP e da Natura só reforçam como o mercado precifica positivamente empresas que possuem estratégias digitais que geram resultados concretos. Inovar vale a pena!

CONTEXTO HISTÓRICO

Antes da Revolução Agrícola, o ser humano tinha, basicamente, atividades de caça e coleta. O *Homo sapiens* se destacava entre as outras espécies por um fator: a colaboração. Eram organizados, eficientes e se juntavam para abater bandos de animais em grandes números. Viviam em comunidade e entendiam que a colaboração era necessária para aumentar as chances de sobrevivência. Então, evoluímos até chegarmos à Revolução Agrícola. Entendemos que o plantio de grãos era uma maneira inteligente de alimentar populações maiores. Desenvolvemos diversas técnicas para produzir o maior número de alimentos possível para não só sobreviver como espécie, mas também para nos multiplicar.

Milhares de anos se passaram, os meios de produção e os objetivos foram se readequando a novas realidades. A Revolução Industrial tornou o ser humano consumidor e, para atendê-lo, desenvolvemos técnicas de produção em massa. Líderes (ou chefes) da época não se importavam muito com a saúde do trabalhador ou com os seus direitos. Desenvolvemos isso ao longo dos últimos anos e ainda estamos evoluindo. Mas a ordem da época era "produzir o máximo possível com os recursos disponíveis".

O mantra evoluiu com o passar do tempo. Passamos de uma produção eficiente para uma com maior eficácia. O mantra passou de produzir o máximo possível para produzir o mais necessário. Desenvolvemos inúmeras técnicas e metodologias para conseguir prever a demanda e ajustar nossa produção para reduzir estoques.

Criamos maneiras de proteger o negócio principal das empresas. Foi aí que surgiu a burocracia: estrutura organizativa caracterizada por regras e procedimentos explícitos e regularizados, divisão de responsabilidades e especialização do trabalho, hierarquia e relações impessoais. Toda essa estrutura interna teve e tem impactos positivos, como o de dar mais segurança para a empresa nas suas atividades, e também impactos negativos, como o distanciamento do foco no cliente. Quanto maior a empresa se torna, mais exposta aos riscos ela fica e, com isso, a lentidão aumenta.

Estamos vivendo outra transformação na forma como consumimos bens e serviços a era digital. O consumidor de hoje não tolera os erros que cometemos. Ele não é tão fiel como antes e consegue trocar uma empresa centenária por outra que nasceu há menos de um ano. No fim, ele quer executar suas atividades do dia a dia e usa qualquer artifício para atingir esse objetivo da melhor maneira possível. Tarefas que antes jamais imaginaríamos serem possíveis, como ter alguém para fazer as compras no supermercado por você, realizar pagamentos sem ao menos ter que ir a um banco, comprar suas roupas sem sair de casa, entre diversas outras atividades. O desafio, agora, é ter uma estrutura interna que consiga atender a esse consumidor digital.

MATURIDADE DIGITAL

O uso de tecnologia está cada vez mais presente, facilitando nossas tarefas do cotidiano, tanto na vida pessoal quanto dentro das empresas e até mesmo dentro do governo. Vivemos em uma era de mudanças rápidas na economia, e a pandemia da covid-19 acelerou consideravelmente a adoção de algumas tecnologias que antes não eram tão utilizadas pela grande maioria da população mundial, mas que já eram vistas como tendências para o futuro.

É só olharmos a mudança de comportamento em relação ao trabalho, em que grande parte das empresas adotou o modelo remoto durante a pandemia como política interna e o estendeu após ter notado valor considerável de produtividade depois dessa migração. Essas empresas começaram a usar diversas ferramentas de colaboração, como Slack, Microsoft Teams e Zoom, aprenderam a trabalhar remotamente e criaram novas formas de produzir. A adaptação certamente não foi fácil para a maior parte das organizações.

A tecnologia, porém, sempre esteve disponível. O Slack existe desde 2009, o Zoom surgiu em 2011 e o Microsoft Teams foi lançado em 2017, para citar apenas alguns exemplos. O que mudou foi a velocidade de adoção dessas tecnologias. No livro *A estratégia da inovação radical*, Pedro analisa o estudo da Deloitte e explica essa velocidade de adoção da tecnologia entre os indivíduos, negócios e políticas públicas.

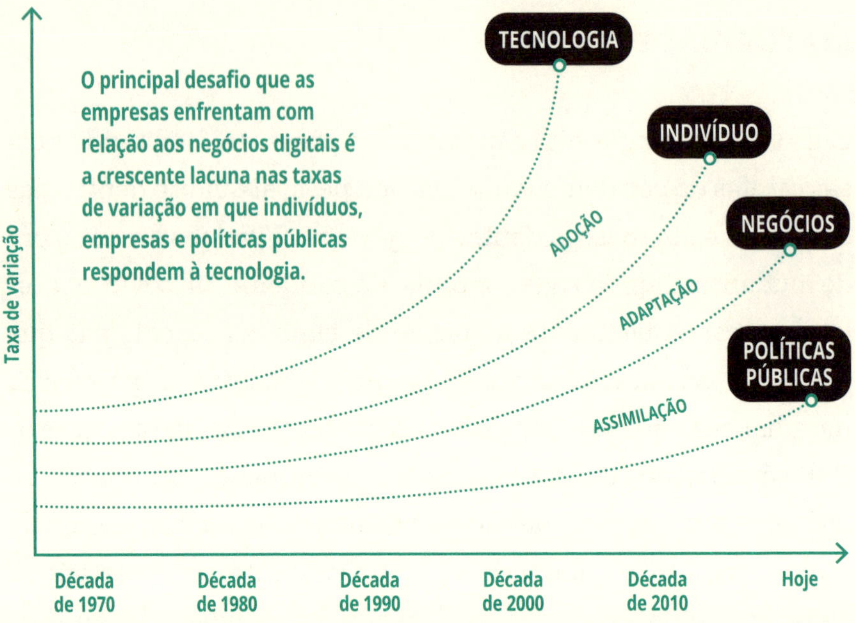

O gráfico mostra que, décadas atrás, a taxa de mudança da tecnologia podia ser acompanhada pelas pessoas, empresas e entidades públicas. Essa realidade é completamente diferente agora. A tecnologia se desenvolveu de maneira que o próprio ser humano não conseguisse absorvê-la completamente. O estudo relata que existe um intervalo entre a capacidade da tecnologia de entregar valor e sua absorção por parte do indivíduo.[86] É só analisarmos o *blockchain*, tecnologia que se popularizou entre moedas virtuais (como o Bitcoin) e diversas outras aplicações. Está em estágio bastante avançado, mas são poucas pessoas que, de fato, conseguem

[86] SCWARTZ, J.; COLLINS, L.; STOCKTON, H.; WAGNER, D.; WALSH, B. **Rewriting the rules for the Digital Age:** 2017 Deloitte Global Human Capital Trends. Nova York: Deloitte University Press, 2017. Disponível em: https://www2.deloitte.com/content/dam/Deloitte/global/Documents/About-Deloitte/central-europe/ce-global-human-capital-trends.pdf. Acesso em: 10 set. 2020.

utilizá-la. O mesmo acontece com a inteligência artificial, bastante frequente no nosso dia a dia, nos nossos celulares, com a Alexa e a Siri, cujas funções completas mal conseguimos usar.

Pessoas, no entanto, conseguem inserir tecnologia no seu cotidiano de maneira muito mais rápida e eficiente do que grande parte das empresas. O mercado financeiro é um exemplo disso. Hoje, o bancarizado consegue fazer pagamentos, transferir dinheiro, investir na bolsa e outras funções com apenas alguns cliques no celular. Ainda existe um longo caminho no país para educar toda a população, mas a adoção desses novos sistemas para atividades financeiras vem crescendo consideravelmente nos últimos anos. No Brasil, são mais de 742 *fintechs* que atuam justamente na ineficiência dos grandes bancos de varejo no mercado financeiro. E esse número vem crescendo: em 2019, o país tinha 490 startups do setor financeiro, o que representa uma alta de 34% em 2020.[87]

Então, nós perguntamos: qual é o desafio de uma empresa como essa? Diminuir esse intervalo de absorção da tecnologia entre ela e o indivíduo, ou seja, se inserir cada vez mais no cotidiano das pessoas com suas tecnologias. Durante a pandemia, várias empresas tiveram que se adaptar para continuar entregando produtos e serviços para o cliente final. A Amaro, marca de roupa *direct to consumer*, líder no Brasil com forte presença digital, começou a vender os seus produtos por meio do WhatsApp.[88] O Facebook

---

[87] PANORAMA das fintechs no Brasil. **Distrito**, 27 mai. 2020. Disponível em: https://distrito.me/panorama-fintechs/. Acesso em: 10 set. 2020.

[88] FRANÇA, B. Líder entre marcas de roupas digitais, AMARO quer ser melhor amiga das clientes. **iG**, 19 set. 2018. Disponível em: https://economia.ig.com.br/empresas/comercioservicos/2018-09-19/amaro-marcas-de-roupas-guide-shops.html. Acesso em: 10 set. 2020.

lançou no Brasil o Facebook Pay, funcionalidade do WhatsApp que viabiliza pagamentos instantâneos e transferência de dinheiro, o que permite que qualquer empresa consiga comercializar produtos e serviços pelo aplicativo sem ter que levar o consumidor para uma nova página na internet para finalizar a compra.

É só analisarmos o que hoje está acontecendo no varejo. As empresas mais avançadas em maturidade digital estão crescendo consideravelmente no último ano. É o caso da Magalu, que já vimos, mas também o da Via Varejo. No segundo trimestre de 2020, a companhia reverteu o prejuízo líquido de 162 milhões de reais do mesmo período em 2019 para um lucro de 65 milhões de reais impulsionado pela sua estratégia digital.[89] O seu *e-commerce* fez mais de 5 bilhões de reais em transações, 280% a mais do que no período anterior. Além disso, os bons resultados permitiram que a empresa ganhasse doze pontos percentuais (p.p.) de *marketshare*, mesmo diante da crise e com a forte concorrência. No relatório com os resultados financeiros do período, a companhia reforça: "Nossos resultados apontam para o futuro. Os números dos últimos três meses nada mais são que o resultado da jornada de transformação que envolve toda a companhia e descrevem um importante movimento em nossa estrada rumo à inovação, à tecnologia e ao futuro".[90]

São muitos os exemplos bem-sucedidos de empresas que conseguiram diminuir as fronteiras com os seus consumidores

---

[89] KAHIL, G. Via Varejo sai do prejuízo, lucra R$ 65 milhões, e promete foco no marketplace. **MoneyTimes**, 12 ago. 2020. Disponível em: https://www.moneytimes.com.br/via-varejo-sai-do-prejuizo-lucra-r-162-milhoes-e-promete-foco-no-marketplace/. Acesso em: 10 set. 2020.

[90] VIA VAREJO Relação com Investidores. Disponível em: http://ri.viavarejo.com.br/informacoes-financeiras/central-de-resultados/. Acesso em: 10 set. 2020.

por meio das tecnologias que eles usam. Outras não tiveram o mesmo êxito. Ao mesmo tempo em que a Via Varejo, a Magalu e outras reportavam crescimento significativo de seus negócios, algumas organizações entraram com pedido de recuperação judicial ou ficaram paralisadas com um faturamento digital mínimo.[91] Se a pandemia atingiu todo o mercado, claramente algumas empresas conseguiram mostrar que, de fato, tinham condições de competir no mundo digital.

Quando se fala em políticas públicas, órgãos reguladores também estão se modernizando. É claro que essa mudança acontece em uma velocidade menor do que a tecnologia em si, mas já existem avanços. Uma prova disso é o Banco Central, que recentemente lançou no mercado o Sistema de Pagamentos Instantâneos, o PIX, que permite pagar contas e fazer transferências de maneira rápida e segura. Em questão de segundos, o pagamento é creditado na conta do recebedor, o que colocará em cheque – sem trocadilhos – o uso das TEDs, DOCs, boletos e até cartões de débito, opções que são consideravelmente custosas e demoram dias para "cair na conta". Toda operação poderá, ainda, ser feita por meio de QR Codes, facilitando mais a forma de pagamento. Quais os impactos disso na economia? Saberemos nos próximos anos, mas, certamente, será um dos maiores avanços bancários da história e é o Banco Central que se posiciona como protagonista dessa mudança.

Todo esse cenário de adaptação às mudanças do mercado é o que resume a maturidade digital. Como tema do nosso trabalho,

[91] MENDES, F. Recuperação judicial de R$ 3 bi forçará Ricardo Eletro a fechar 200 lojas. Veja, 21 jul. 2020. Disponível em: https://veja.abril.com.br/economia/recuperacao-judicial-de-3-bi-ricardo-eletro-fechar-200-lojas/. Acesso em: 10 set. 2020.

A DIGITALIZAÇÃO DOS HÁBITOS DE CONSUMO AFETA TODA A CADEIA DE NEGÓCIOS

O CONSUMIDOR
MODERNO É
EXIGENTE
E BEM MENOS
TOLERANTE
A ERROS

vamos abordar especificamente os passos para uma empresa iniciar o processo de evolução dessa maturidade. Em muitos casos, é necessária a transformação completa do negócio principal da empresa.

TRANSFORMANDO O NEGÓCIO PRINCIPAL ATRAVÉS DA AMBIDESTRIA

Como foi falado em outros capítulos e no livro *A estratégia da inovação radical*, adotamos os seis princípios (Design organizacional, Gestão ágil, Mate seu próprio negócio, Trabalhe com parceiros, Pensando como um investidor, Cliente no centro) como premissa para a transformação completa do negócio. Para transformar radicalmente o negócio, deve-se aplicar todos os seis princípios na empresa. A ACE Cortex executou o método em empresas de todos os segmentos: aviação, varejo, bancos, construção civil, agronegócio, energia, telecomunicações e outros. Cada empresa tem a sua realidade, sua cultura singular e os seus problemas a serem resolvidos. Apesar das diferenças e particularidades, chegamos a uma conclusão: todo e qualquer segmento da economia ou está passando por uma transformação no seu mercado ou passará em um futuro próximo. Ganha quem consegue se planejar para essa mudança e quem a executa com eficácia.

Um dos elementos que defendemos bastante é a chamada organização ambidestra. Trata-se de manter a estrutura do negócio principal operando normalmente, ao mesmo tempo que criamos uma nova frente para capturar valor em novos mercados. Em alguns casos, faz sentido separar as iniciativas que seriam impactadas pelos processos tradicionais da organização. Uma das empresas que adotou esta configuração é o BTG Pactual. Tradicionalmente um banco de investimentos, os líderes da organização identificaram uma oportunidade trazida pelo digital: enquanto o mercado de varejo tradicional exigia uma pesada estrutura física de agências e um alto custo de atendimento por cliente, o digital mudou completamente esta configuração. Além disso, as inovações trazidas pelo open *banking* e a revolução das startups abriram diversas novas oportunidades de mercado.

O BTG Pactual decidiu, então, entrar agressivamente neste mercado, criando a Digital Retail Unit (DRU), e, em vez de conectá-la diretamente ao negócio principal, criou um novo braço operacional, trazendo Amos Genish, empreendedor experiente no mercado de tecnologia, como líder da unidade. Com esta configuração ambidestra, a nova área concentrou os serviços e produtos digitais do banco e teve autonomia para criar novos produtos, formar parcerias com dezenas de startups, fazer aquisições e garantir a velocidade necessária para o projeto.

Abaixo deste guarda-chuva estão iniciativas como o BoostLab, programa de aproximação com startups do banco, o BTG Digital, a plataforma de investimentos para pessoa física e os recentes BTG+ e BTG+ Business, que são as contas digitais para pessoa física e jurídica, respectivamente. Também estão associadas a DRU o Banco Pan e a Too Seguros. Todas as iniciativas têm em comum a utilização intensa de tecnologia, além de uma forte cultura de experimentação. Para viabilizar o projeto, foram alocados executivos com perfil intraempreendedor das diversas unidades do banco, além de tantas outras contratações de pessoas com perfis distintos da organização, trazendo novas competências e a cultura digital. Se queremos correr tão rápido quanto a parte mais rápida do mercado, é preciso fazer mudanças no design organizacional.

A Vitacon é outro bom exemplo de empresa que conseguiu se planejar e está executando de maneira diferente do tradicional. A companhia foi fundada por Alexandre Frankel, em 2009, com uma visão única no mercado imobiliário brasileiro. Enquanto a grande maioria dos empreendimentos lançados trabalhava os mesmos conceitos, como "varanda gourmet", Frankel decidiu concentrar sua energia em uma causa que o afetava pessoalmente: a mobilidade. O deslocamento das pessoas para o trabalho consome várias horas por dia, especialmente em metrópoles como São Paulo. Então, ele decidiu direcionar seus esforços a apartamentos com menos de 40 metros quadrados, ocupados por executivos que querem morar perto do trabalho e configurar sua vida pessoal de modo a usufruir o melhor da vida urbana.[92]

Os imóveis, geralmente, são próximos ao metrô e centros empresariais da cidade, favorecendo o acesso ao transporte público e ciclovias. Além de oferecer o apartamento, a empresa também conta com diversos serviços agregados, vários deles fornecidos por startups. A comunidade é um aspecto importante para o público da empresa, que busca fomentar as conexões entre os moradores.

---

[92] FRANKEL, A. (fundador e CEO da Vitacon). [Entrevista concedida a] Pedro Waengertner, Sulivan Santiago e Victor Navarrete. Local, 26 jul. 2020.

Setenta e quatro prédios depois, a Vitacon se estabeleceu como líder neste mercado, com mais de 30 mil pessoas em sua comunidade. Ao longo do tempo, Frankel foi refinando sua visão em relação ao futuro da moradia. Inspirado na economia de compartilhamento, com expoentes como Uber e Airbnb, o empreendedor entendeu que existia espaço para pensar em moradia como serviço. Frankel acredita que as pessoas estão repensando a propriedade dos imóveis onde vivem e, em 2019, ele lançou uma nova empresa, chamada Housi.

Embora sinérgica com a Vitacon, a Housi é um *marketplace* que proporciona a locação de imóveis pequenos, já mobiliados e com diversos serviços integrados. A grande maioria dos imóveis listados na plataforma já não é da Vitacon. O empreendedor captou recursos no mercado com o fundo de investimentos Redpoint para financiar o novo projeto e hoje mira uma oferta pública de ações.

Este é um ótimo exemplo de uma empresa já consolidada criando uma nova avenida de crescimento a partir de um novo negócio. Para que esta configuração funcione, além da visão dos executivos, é fundamental autonomia para o novo negócio, com gestão e execução independentes. É claro que as sinergias entre as duas frentes devem ser incentivadas e fortalecidas, mas a maneira de capturar valor geralmente é distinta, o que requer esta divisão operacional. Frankel soube lidar bem com esta ambiguidade e hoje está à frente das duas empresas, garantindo a execução da sua visão. O exemplo da Vitacon passa por diversos elementos dos seis princípios de que falaremos neste capítulo e que são importantes para a transformação do negócio principal.

O PASSO A PASSO DA TRANSFORMAÇÃO DO NEGÓCIO PRINCIPAL

O processo passa por três fases: planejamento, execução e melhoria contínua. Em vez de buscar um *big bang* de inovação, o método ataca os problemas de maneira constante e sistematizada. Poderíamos dizer que os seis princípios são utilizados em um processo de transformação gradual e constante; errando, acertando e ajudando as empresas a encontrar o seu próprio caminho.

A evolução da maturidade digital – um dos ganhos ao tornar o negócio internamente mais preparado para as mudanças do mercado – é um dos principais resultados da execução deste processo. Para atingir os objetivos da transformação radical, é necessário patrocínio e envolvimento da diretoria, além de times muito competentes na execução. Detalhamos o passo a passo a seguir.

PLANEJAMENTO

O primeiro passo é mapear a empresa. Como ela, hoje, está em relação aos Seis Princípios da Inovação Radical? Antes de executar, precisamos ter a fotografia do momento atual com um diagnóstico preciso sobre a companhia. A partir dele, criamos um plano com equipes responsáveis, prazos e recursos para fazê-lo acontecer.

O mapeamento é realizado com um questionário para ser aplicado com pessoas que trabalham nos níveis estratégico, tático e operacional da empresa. Este questionário está disponível ao fim dos tópicos que abordaremos a seguir e poderá ser acessado por meio de um QR Code. Basta começar a utilizá-lo em sua empresa de acordo com estas indicações:

Antes do envio → Explicar em workshop, vídeo, e-mail ou o meio que preferir o motivo da aplicação do questionário. Enviar o link com a data limite conveniente para dar tempo para o preenchimento e que comporte o tempo do planejamento.

Após preenchimento → Compilar os resultados realizando médias simples das notas obtidas em cada um dos princípios. O trabalho pode ser feito no Excel.

Resultados esperados → As médias das notas representarão o estágio atual da empresa em relação ao princípio. Quanto maior for a média das notas, mais amadurecida a empresa estará em relação ao princípio e, portanto, um plano de desenvolvimento do estágio se torna menos importante para o momento e deve-se apenas considerar melhorias específicas nos processos. Quanto menor for a média, maior será a urgência em trabalhar o princípio. A escala de prioridade está esquematizada conforme os intervalos das médias das notas e a figura a seguir:

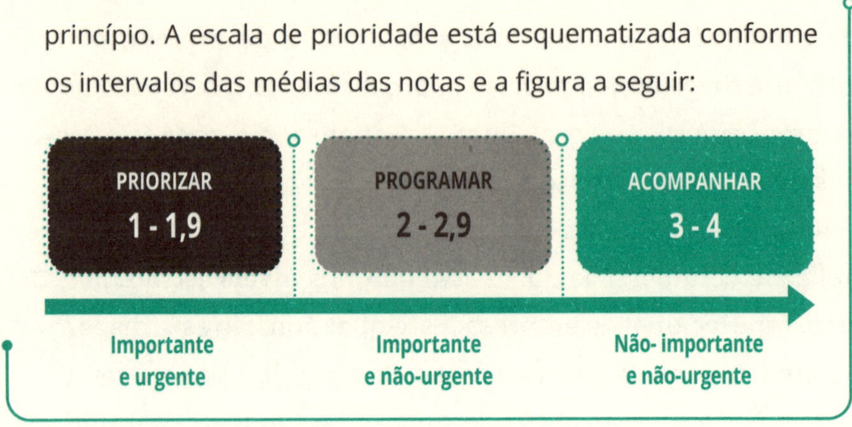

Os elementos de avaliação, bem como uma breve explicação de cada um dos seis princípios, estão descritos nas tabelas nos tópicos a seguir. As perguntas do questionário buscam esclarecer todos os elementos e estão disponíveis através do próximo QR Code. Para aprofundar cada um dos princípios, recomendamos a leitura do livro *A estratégia da inovação radical*, do Pedro Waengertner.

CLIENTE NO CENTRO

Inovação é colocar o cliente no centro da equação. Parece fácil falar, mas pouco se vê no dia a dia das empresas. Estivemos envolvidos em inúmeras conversas com executivos das maiores empresas do país em que os interesses reais dos clientes não estavam endereçados. Uma cultura que não tem isso no DNA inspira a criação de soluções que ninguém compra e de processos que não atendem a experiência que o consumidor espera. A arte de entender o cliente vai muito além do que ele fala que quer, é também o entendimento do que ele, de fato, precisa (e muitas vezes, não sabe). O quanto isso é estimulado na sua empresa? O quanto é apenas discurso? Existem evidências de foco real no cliente?

Observe agora os pontos avaliados neste princípio:

ELEMENTOS	DESCRIÇÃO
UTILIZAÇÃO DA METODOLOGIA DOS *JOBS TO BE DONE*	Os times entendem os problemas que estão resolvendo de fato para os clientes, de maneira clara e documentada ao longo da organização.
PROXIMIDADE COM O CLIENTE	Times conversam de maneira estruturada e não estruturada com cadência programada com seus clientes para entender suas necessidades.
UTILIZAÇÃO DE DADOS	Tomada de decisão a partir da análise de dados em relação aos clientes.
EMPATIA	Tomada de decisões a partir da perspectiva do cliente.

DESIGN ORGANIZACIONAL

Inovação é design organizacional. Os processos internos da companhia precisam de adaptação para permitir que a inovação aconteça. De nada adianta eu ter um bom planejamento do que a empresa precisa inovar se os processos não favorecem a execução, se as pessoas não têm diversidade multidisciplinar, se a estrutura é hierárquica e a liderança é *top-down*.

Os pontos avaliados neste princípio estão nesta tabela:

ELEMENTOS	DESCRIÇÃO
PROCESSOS	Os processos garantem a fluidez necessária para a execução da inovação na organização, com foco nos clientes internos e externos.
PESSOAS	Existe clareza em relação ao perfil das pessoas necessárias para as posições críticas da organização no que diz respeito à inovação. Além disso, existe um alinhamento de incentivos que garante que todos remem para a mesma direção.
ESTRUTURAS	A empresa criou estruturas transversais, evitando silos e times pequenos multidisciplinares. Existe, quando necessário, a ambidestria corporativa, garantindo independência dos times que desenvolvem projetos fora do negócio principal da empresa.
LIDERANÇA	A liderança sabe lidar com talentos de inovação, cobrando resultados com clareza e se portando como facilitadora do processo.

GESTÃO ÁGIL

Inovação é experimentação. A cultura do erro só existe para que a empresa aprenda com os seus diversos experimentos e aplique melhorias. Como, então, fazer inovação com métodos cartesianos que visam diminuir erros e acabam minimizando a experimentação? Como ter uma infraestrutura tecnológica enxuta que permita o desenvolvimento de soluções que são rapidamente modificadas à medida que a empresa interage com os seus clientes? Os times precisam de metodologias e ferramentas mais adequadas para executar as iniciativas de inovação.

A seguir, os pontos avaliados neste princípio:

ELEMENTOS	DESCRIÇÃO
METAS E ACOMPANHAMENTO	As metas estão claramente definidas para os principais objetivos de inovação e desdobradas no nível dos times/squads, que estabelecem cadência periódica de acompanhamento.
CAPACITAÇÃO	A empresa tem rotinas de capacitação para as metodologias adequadas ao modo de trabalho.
AUTONOMIA	Os times possuem a autonomia necessária para gerar os resultados esperados para a empresa. A política corporativa tem pouca influência na tomada de decisão destes times.
ALINHAMENTO	Objetivos cruzados entre times e comunicação constante e simples com toda a equipe.
PERFIL DO TIME	Os times de inovação têm as pessoas com os perfis necessários para a execução dos projetos com a velocidade e qualidade requerida pela empresa.
METODOLOGIA	A empresa utiliza métodos claros para a execução e acompanhamento dos projetos, indo desde as metodologias ágeis até a experimentação.
FERRAMENTAS	A empresa possui a infraestrutura tecnológica necessária para suportar os projetos de inovação.

MATE SEU PRÓPRIO NEGÓCIO

Inovação é jogar no ataque. Criar uma estratégia de disrupção do próprio negócio, por mais que ele esteja indo bem, é o pilar deste princípio. Quais as minhas avenidas de crescimento? Para onde o meu mercado está indo? Como desenvolver desde já essas oportunidades ao mesmo tempo em que preciso performar com o negócio atual? Temos uma estratégia bem definida? É necessário ter um olhar de 2 mil metros de altura sobre os nossos negócios, uma visão 360° de tudo o que está ao redor deles e execução afiada para a longevidade de qualquer empresa no concorrido mercado em que vivemos.

Seguem os pontos avaliados neste princípio:

ELEMENTOS	DESCRIÇÃO
ESTRATÉGIA	**Existe um planejamento claro e documentado de como capturar valor futuro do mercado em que atua, em adjacentes e/ou em novos mercados.**
ORÇAMENTO	**Existe orçamento alocado para investir em iniciativas futuras, de modo a garantir independência e horizonte de análise refletido em métricas de progresso.**

TRABALHE COM PARCEIROS

Inovação é colaboração. Isso faz parte do nosso DNA de seres humanos. A colaboração nos traz velocidade, penetração, diminui riscos e, por muitas vezes, torna os investimentos mais eficientes. Devemos olhar os fornecedores de soluções como parceiros que irão alavancar os nossos negócios. No capítulo Inovação aberta, falamos bastante sobre os benefícios de ter uma política de trabalho com startups, academia, indústria, entre outros parceiros. Vemos muitas empresas dizendo "nós conseguimos fazer isso sozinhos" e gastando muito dinheiro em soluções pesadas que ninguém usa. Por outro lado, aquele parceiro com solução já existente poderá alavancar resultados impressionantes para você. O quanto estamos preparados para isso?

Veja os pontos avaliados neste princípio:

ELEMENTOS	DESCRIÇÃO
CORPORATE VENTURE	A empresa definiu uma política para atuação em *corporate venture*, inclusive criando uma operação dedicada, de acordo com a maturidade corporativa e importância estratégica.
PROVAS DE CONCEITO	Existe um processo definido para a execução de Provas de conceito de soluções com startups.
ESTEIRA ÁGIL	A empresa desenvolveu processos para garantir que as startups rapidamente possam ser contratadas pelos times de inovação e outras áreas do negócio.
CONEXÃO COM O ECOSSISTEMA	A empresa sabe onde e como procurar startups e outros parceiros importantes para a velocidade das iniciativas de inovação.

PENSE COMO INVESTIDOR

Inovação é risco. Se o investimento for muito seguro, provavelmente não estamos inovando como deveríamos. Quando se trata de inovação, estamos apostando em avenidas não exploradas anteriormente (ou mal exploradas). Como diminuir o risco? Uma das formas é não apostando em apenas uma inovação e sim em várias, mesmo sabendo que mais de 90% poderão fracassar. Os 10% restantes pagam a conta com um retorno consideravelmente maior do que investimentos tidos como "seguros". Como está o portfólio de iniciativas dentro da empresa? Como ele é gerenciado?

Aqui estão os pontos avaliados neste princípio:

ELEMENTOS	DESCRIÇÃO
VOLUME E INTEGRAÇÃO DOS PROJETOS	A empresa possui o volume necessário de projetos (lembrando sempre a lógica da taxa de sucesso) de acordo com a estratégia definida e organizou o portfólio para identificar rapidamente os *gaps* e acompanhá-los como um portfólio integrado.
TESES DE INOVAÇÃO	Existem teses de inovação claras, desdobradas a partir da estratégia e alinhadas com todos na empresa.
GESTÃO ÁGIL DO ORÇAMENTO PARA INOVAÇÃO	Modelagem do orçamento como um fundo de investimento virtual a ser alocado nos projetos de acordo com o seu estágio no funil de inovação da empresa.
GOVERNANÇA	Comitê de Inovação que acompanha a evolução do portfólio de projetos a partir de um funil, dividido por estágio. Reuniões periódicas, com poder decisório em relação ao orçamento e alinhamento metodológico.

O ENTREGÁVEL DO PLANEJAMENTO

Preparamos um diagnóstico on-line cobrindo todos métodos do livro para ajudar você no planejamento. Acesse por meio do QR Code ao lado.

O trabalho agora é interpretar os dados e criar o plano de ataque. O que podemos extrair do uso das tabelas-base? O time envolvido com o processo de transformação deverá olhar com bastante cuidado os resultados do mapeamento. Com a escala de priorização em mãos, o próximo passo é *plotar* as médias finais no Canvas dos 6 Princípios da Inovação Radical, na figura a seguir. O gráfico vai proporcionar uma visão mais ampla e vai ajudar a enxergar como os princípios foram avaliados.

6 princípios Canvas

PRINCÍPIOS	AVALIAÇÃO	PRIORIZAÇÃO E PLANO DE AÇÃO	
① Cliente no centro		PRÍNCIPIO 1:	PLANO DE AÇÃO:
② Design organizacional			
③ Mate seu negócio		PRÍNCIPIO 2:	
④ Pense como investidor			
⑤ Gestão ágil		OUTROS:	
⑥ Trabalhe com parceiros			

Daqui em diante, o processo dependerá da aptidão da empresa em executar o plano de ataque. De acordo com a nossa experiência, esse não é um processo padrão, pois cada empresa possui uma realidade diferente. Várias ações devem sair desse plano e precisam de uma execução eficaz. A quantidade de princípios a serem priorizados vai depender da capacidade disponível de recursos financeiros e humanos para realizá-los.

Se a empresa não possuir recursos suficientes, recomendamos priorizar os dois princípios mais urgentes (os com médias entre 1 e 1,9) e atacar outros dois (os com médias entre 2 e 2,9) à medida em que as atividades forem finalizadas. O próximo passo é a criação da lista completa de atividades (*backlog*) para a transformação do negócio. Recomendamos um bom debate entre os principais líderes da organização, seja na forma de um workshop ou com uma reunião aberta. O mais importante é sair desse encontro com as principais atividades mapeadas. É claro que, conforme o time executa as ações definidas, novas ações irão surgir e outras serão revistas. Isso faz parte do processo.

Acesse o Canvas dos 6 Princípios da Inovação Radical, crie uma cópia e comece a trabalhar com a sua equipe.

A fase de planejamento é crucial para o desenvolvimento da transformação do negócio e envolve toda a companhia, mas estamos apenas no começo da jornada. É como diz a frase atribuída ao treinador do Mike Tyson: "Todo mundo tem um plano até levar um soco na cara".[93] Mais importante do que ter o plano de ataque em si é saber executá-lo e não ficar preso às ações que o time considerou mais adequadas para melhorar aqueles princípios. O processo de execução deve ser seguido de maneira ágil, com muita experimentação, revisão das ações e dos processos estipulados.

EXECUÇÃO

O mapeamento está impecável, coerente, e o plano de ação nunca fez tanto sentido. O time responsável está engajado e só se fala disso dentro da companhia. As pessoas param você no corredor querendo saber as boas novas. Um deles pergunta: "Que dia vamos flexibilizar o *dress code* e andar de bermuda na empresa? Isso está no plano?". A gerente de RH não vê a hora de abrir um banco de talentos focado em posições de tecnologia, com aqueles nomes modernos, os *agilistas*, *developers*, *scrummasters* e assim por diante. O CEO faz vídeos semanais na intranet comentando sobre a transformação digital no seu segmento e para onde o mercado está indo. Comenta: "O futuro chegou e vocês fazem parte disso!".

Alguns colaboradores torcem o nariz, afinal, sentem-se ameaçados. Outros diretores simplesmente se negam a fazer

[93] MERGUIZO, M. "Todo mundo tem um plano até tomar um soco na cara" ou "uma chama de esperança". GE, 23 jul. 2020. Desponível em: https://globoesporte.globo.com/olimpiadas/blogs/blog-olimpico/post/2020/07/23/todo-mundo-tem-um-plano-ate-tomar-o-primeiro-soco-na-cara-x-uma-chama-de-esperanca.ghtml. Acesso em: 15 set. 2020.

parte do processo porque a empresa está muito bem do jeito que está e "em time que está ganhando, não se mexe". Outros dizem: "Trabalho há vinte anos fazendo o que faço e sempre deu certo. Por que mudar agora?". É a armadilha da experiência falando alto, que cega o executivo para a rápida mudança em seu mercado e o relega à zona de conforto. Já se deparou com situações como essas?

Como já falamos neste capítulo, a transformação do negócio principal é um processo de evolução e não de revolução. Podemos dizer que, no início, tudo parece dar errado. Os times não se entendem, os prazos não são cumpridos, as outras áreas não consideram prioridade executar o que compete a elas e as agendas do dia a dia e da transformação se misturam. As ações começam a competir com o *modus operandi* tradicional por espaço, o que gera frustração e uma sensação de desânimo com a transformação. Não é um processo fácil.

Transformar o negócio principal da empresa em todos os princípios deve levar anos e vai depender da eficácia na execução das ações planejadas, do envolvimento da alta diretoria, da prioridade que se dá ao tema e da persistência quando as coisas dão errado e parecem ir em direção oposta ao desejado. Ganha quem consegue passar por esses obstáculos.

A execução segue o mesmo processo ágil de desenvolvimento de novos projetos. Após o planejamento, o time desdobra o *backlog* do planejado em ações que são organizadas em *sprints* e que evoluem à medida que são executadas. O aprendizado é constante e permite que novas ações sejam criadas.

EXEMPLOS DE PLANOS DE AÇÃO

Vamos pegar um exemplo hipotético. Uma empresa realizou o seu mapeamento dentro dos seis princípios e tem capacidade para executar dois princípios por vez. Ela priorizou aqueles com menores notas para serem desenvolvidos agora: Design organizacional e Gestão ágil. Um plano de ação foi criado para cada princípio priorizado, conforme deixamos no exemplo preenchido da figura 6 Princípios Canvas.

6 princípios Canvas

PRINCÍPIOS	AVALIAÇÃO
① Cliente no centro	1,5
② Design organizacional	2,5
③ Mate seu negócio	3,5
④ Pense como investidor	2,5
⑤ Gestão ágil	1,0
⑥ Trabalhe com parceiros	4

PRIORIZAÇÃO E PLANO DE AÇÃO

PRÍNCIPIO	PLANO DE AÇÃO:	
PRÍNCIPIO 1: Design organizacional	Treinar time em como criar experimentos	Mapear competências dos times
	Estruturar metas de curto prazo	Estabelecer comitê de inovação
PRÍNCIPIO 2: Gestão ágil	Treinar time em Lean, Kanban e Scrum	Implementar gestão à vista
	Readequar infra de tecnologia	Estabelecer esteira de entregas contínuas

O plano pode ter diversas ações, não necessariamente o número que está no exemplo. Mas ele não acaba aí: note que cada ação corresponde a um grupo de tarefas. Para desenvolver a ação "Implementar gestão à vista", por exemplo, novas tarefas devem ser desdobradas a partir dela, como "listar os softwares em nuvem mais baratos", "escolher o software", "contratar o software", "treinar a equipe para utilizar o software", "treinar a equipe para fazer gestão à vista", "estabelecer régua de preenchimento dos dados", entre outras. Essas tarefas são organizadas e executadas pelos times durante as *sprints* até que cada ação seja concluída.

É importante que o time tenha clareza da definição de "pronto" daquela ação. O que significa a ação "Implementar gestão à vista" estar 100% aceita por todos? Isso é discutido e estabelecido durante a reunião do plano de ação. O nível de clareza precisa ser algo tangível, como "todas as equipes utilizando a ferramenta e inserindo os dados pelo menos uma vez por semana". Dessa maneira, fica mais fácil para todos entenderem a meta a ser batida com aquela ação e quando finalmente será atingida.

Na medida em que os princípios priorizados são finalizados, o time seleciona os outros que antes não foram trabalhados e repete o processo até que todos as ações de todos os princípios estejam 100% finalizadas. Paramos por aí? Não. A partir de agora, inicia-se o processo de melhoria contínua dos princípios.

MELHORIA CONTÍNUA

A transformação do negócio principal não é um jogo binário em que só existe chegar lá ou não chegar. É como relatamos no início do capítulo: qual o nosso objetivo com isso? Queremos estar no digital ou sermos digitais? Provavelmente, qualquer empresa com eficácia na execução consegue esse segundo objetivo, mas para ser digital de fato o processo precisa ser cíclico, ou seja, ele nunca acaba.

No livro *O jogo infinito*,[94] Simon Sinek mostra a diferença entre jogos finitos e infinitos. Os finitos são como jogos de futebol ou xadrez, aqueles com regras claras, jogadores conhecidos, um objetivo definido entre os times, com um final em que geralmente se reconhece um vencedor. Os infinitos são aqueles que não têm regras claras, não existe um prazo para término e não possuem um vencedor. Esse último é exatamente o jogo que as empresas jogam com essa transformação: é para sempre, faz parte do DNA delas.

Conforme terminamos todos os planos de ação de todos os princípios, iniciamos o processo novamente. Pois faz parte da nova maneira de trabalho da companhia buscar melhorar continuamente, como se estivesse buscando a perfeição, mesmo que ela não exista.

As metodologias de melhoria contínua não são uma novidade. O livro *A startup enxuta*,[95] de Eric Eries, navega nas mesmas premissas de evolução, baseando-se em aprendizagem contínua e criação de novas ações. O Ciclo PDCA (Plan-Do-Check-Act), de William Deming, também trabalha na mesma lógica. Para transformar radicalmente, é preciso revisar todos os princípios continuamente, aplicando melhorias e inovações incrementais no processo.

Como fazer isso? Primeiro, determine um período de revisão. Nossa sugestão é que ela aconteça em ciclos de seis meses. Com isso, teremos um termômetro da evolução dos

---

[94] SINEK, S. **O jogo infinito**. Rio de Janeiro: Sextante, 2020.

[95] ERIES, E. **A startup enxuta**. Rio de Janeiro: Sextante, 2019.

princípios e um ciclo completo de melhoria contínua em um intervalo de um ano.

A revisão é um novo mapeamento aplicado nas mesmas áreas que o primeiro e com as mesmas tabelas. Dessa forma, conseguimos comparar de maneira homogênea ciclo a ciclo. Então, a partir do novo mapeamento, novos princípios são priorizados e novos planos de ação são criados.

Como diversas iniciativas são criadas entre diferentes áreas, há uma necessidade de integrar os aprendizados entre elas. Pegando o exemplo da ação "Implementar gestão à vista", do tópico anterior, a maneira como o time responsável a planejou e executou pode servir de ajuda para o time que está implementando outra atividade do plano de ação. Como, por exemplo, o time conseguiu aprovar um novo software na empresa? Qual foi o processo de aprovação? Será que podemos usar uma startup de assinaturas de contrato digital para automatizar esse processo visto que novas aprovações devem ser demandadas para as outras ações do plano?

Esse tipo de integração entre squads foi muito bem estruturado pelo Spotify e difundido no mundo inteiro. A empresa de streaming de músicas popularizou a forma como os seus squads de produto se organizaram para otimizar a troca de experiências e a comunicação fluida.[96]

[96] MELLO, F. H. de. Como a Spotify organiza seus times de produtos. Qulture.Rocks, 14 mar. 2018. Disponível em: https://qulture.rocks/blog/como-a-spotify-organiza-seus-times-de-produto/#:~:text=A%20organiza%C3%A7%C3%A3o%20b%C3%A1sica%20%C3%A9%20a,ou%20grupos%20de%20features%20correlacionados. Acesso em: 10 set. 2020.

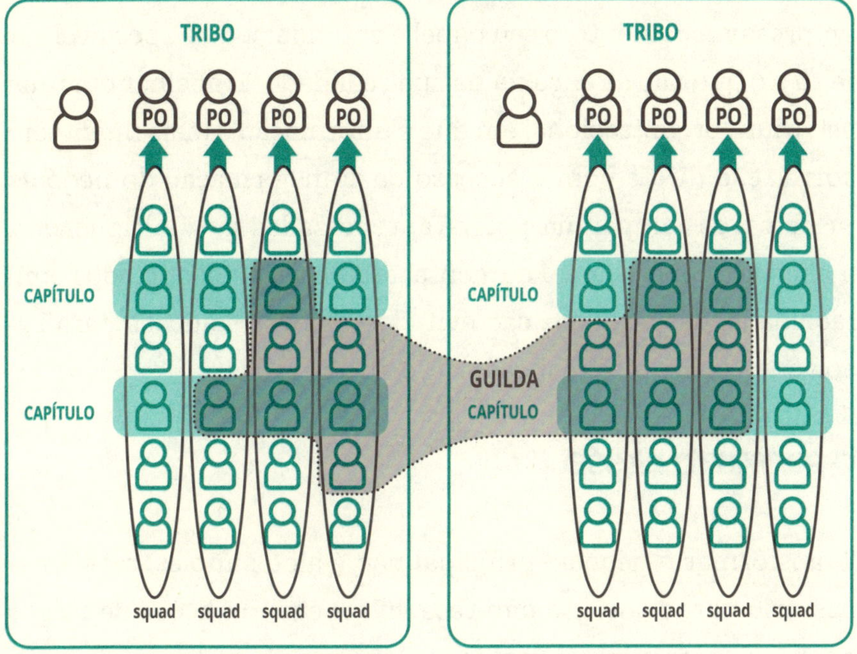

Essa organização, que é detalhada no livro A *estratégia da inovação radical*, é usada como modelo para várias empresas no mundo todo e é dividida em Tribo, Capítulo e Guilda. Tribo é o conjunto de squads da mesma área ou tema (pagamentos, por exemplo). Capítulo é o conjunto de profissionais de vários squads com competências em comum (marketing ou desenvolvimento, por exemplo). Guilda é o conjunto de pessoas com interesses em comum, não necessariamente do mesmo squad ou até da mesma tribo (experiência do usuário, por exemplo).

A mesma organização feita no Spotify deve ser a que eu devo usar na minha empresa? Não necessariamente. Esse foi o modelo que deu certo para a realidade do Spotify. Mais do que entrar em uma tecnocracia do ágil, ou seja, seguir modelos de outras empresas cegamente, o seu papel é entender o que é possível ser feito e o que não se encaixa na sua realidade. Trabalhar em uma estrutura organizacional em que a informação é mais fluida tem correlação direta com o sucesso da transformação do negócio principal da companhia, pois os aprendizados são multiplicados, a eficiência operacional aumenta, atalhos são encontrados com facilidade, desperdícios são evitados e novas soluções para resolver os princípios mapeados são encontradas.

O PRÓXIMO PASSO

Transformar o negócio principal não é algo simples, mas é necessário para manter a empresa viva e em condições de brigar com a concorrência no mercado. Atualmente, cada vez mais, estamos disputando com empresas e startups que estão pensando diferente, se estruturando para jogar um jogo antes jamais visto. Como veremos no próximo capítulo, diferencial competitivo não é mais o que era há algum tempo. Hoje, a barreira para novos entrantes no mercado é baixa.

O nosso trabalho aqui passa, portanto, por uma readequação do negócio da empresa para que ela consiga se adaptar às diversas mudanças que o mercado passa e consiga jogar no ataque de maneira mais fluida. Esse é um processo longo e que envolve toda a empresa. O próximo passo é a gestão de todo o portfólio de iniciativas criadas que vieram deste processo. •

Capítulo 7

GESTÃO DA INOVAÇÃO

Costumamos dizer na ACE que a inovação é sobre aprender e executar mais rápido do que a concorrência. Cabe bem para a Neoway, empresa brasileira líder em Big Data Analytics na América Latina. Somente a área de novos negócios da empresa explorou, em 2019, duzentas oportunidades em parceria e criou seis novos produtos a partir dessas alianças. Um deles é o Neoway Motors, criado em parceria com a empresa B3.[97] O produto fornece informações precisas e atualizadas sobre o comportamento de consumo veicular. Com base na inteligência de dados, é possível dizer, por exemplo, a propensão de troca do veículo, o nível de fidelidade e forma preferencial de pagamento de um potencial cliente.

O time Neoway foi tão eficiente na execução da inovação que, durante a pandemia, conseguiu viabilizar cerca de vinte ações inovadoras com impactos diretos e indiretos de mais de 200 milhões de reais que atingiram mais de 1,6 milhão de pessoas. Por exemplo, quando mapearam os respiradores danificados em Minas Gerais ou quando criaram um *chatbot* para triagem de pacientes com suspeita de covid-19 em hospitais em parceria com a Zenvia.

A percepção de resultado de alto nível vem de um segredo: a gestão da inovação na empresa. A inovação como competência, com método, processo, gente e capital dedicado faz a diferença. A Neoway entende que, no mundo dinâmico de hoje, a vantagem competitiva sustentável acabou, por isso a reinvenção constante é obrigatória.

---

[97] MEIRELLES, G. (responsável por novos negócios e parcerias na Neoway). [Entrevista concedida a] Pedro Waengertner, Sulivan Santiago e Victor Navarrete. Local, data..

A VANTAGEM COMPETITIVA NÃO EXISTE MAIS

Existem duas escolas de pensamento quanto à origem da inovação: a visão baseada em mercado e a visão baseada em recurso.[98]

A visão baseada em mercado diz que é o mercado que vai facilitar ou inibir a inovação da empresa. O desafio aqui é a capacidade da companhia de saber identificar oportunidades no mercado e agir em cima delas. Não são muitas empresas que possuem esta habilidade. As câmeras fotográficas são um exemplo de inovação baseada em mercado. As pessoas precisavam registrar e guardar um alto volume de imagens. Além disso, era necessário reduzir o tamanho da câmera para que estivesse disponível em diversas situações e a vários públicos.

Por outro lado, a visão baseada em recurso diz que o mercado é volátil e dinâmico. Portanto, é insuficiente para fornecer uma abordagem sólida para inovação. A visão baseada em recurso tem como premissa o uso dos recursos internos da empresa, incluindo suas capacidades e habilidades, com o argumento de que são valiosos, raros e dificilmente copiados, para atingir uma vantagem competitiva sustentável e uma base sólida para a inovação. Um exemplo é a tecnologia de toque em tela (*touchscreen*) desenvolvida pela Royal Radar. Nos anos 1980, a Hewlett Packard (HP) aplicou esta tecnologia em computadores e, mais tarde, a tecnologia foi refinada e aplicada a *smartphones*, *tablets* e computadores.

---

98 TROTT, P. Innovation Management and New Product Development. 6. ed. Nova York: Pearson, 2016. p. 21.

Estas duas abordagens moldam a premissa de que a inovação advém da tecnologia ou do mercado. A figura a seguir mostra o que chamamos de modelos lineares.

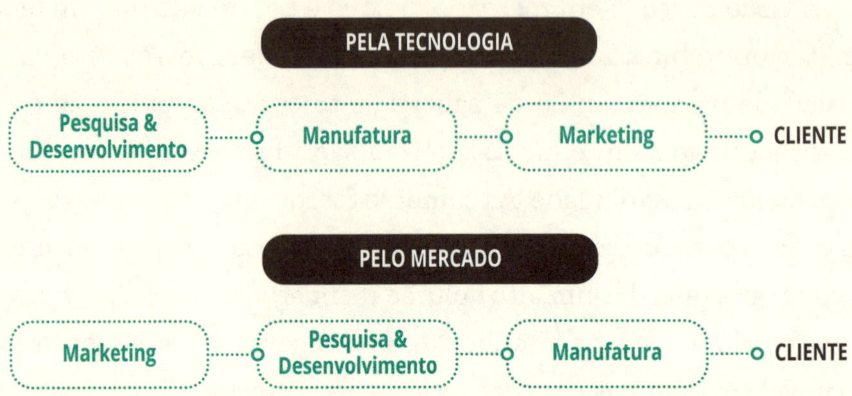

Fonte: Modelos lineares do livro Innovation Management and New Product Development, de Paul Trott[99]

Estes dois modelos funcionaram por décadas porque, por muito tempo, uma vez atingida, a vantagem competitiva criada por meio da inovação poderia ser sustentada por longos anos devido à restrição de recursos em geral, acesso à informação e mercado. Este não é mais o cenário nos dias de hoje.

Vivemos na era da informação, em um mundo abundante em recursos e interconectado. O resultado é o fim da era da sustentação competitiva no longo prazo. A inovação como um episódio esporádico e eventual já não é capaz de sustentar uma

[99] TROTT, P. Innovation Management and New Product Development. 6. ed. Nova York: Pearson, 2016. p. 23.

empresa. Principalmente agora, que a concorrência surge de setores não óbvios. Como por exemplo, a Amazon (focada em *e-commerce*, computação em nuvem, inteligência artificial e *streaming* digital), que vende seguros de automóvel na Índia ou Fortnite, uma plataforma de jogos, roubando clientes da Netflix. Como conclusão, a gestão da inovação precisa ser um processo sistemático e contínuo.

O modelo de inovação linear (tecnologia ou mercado) precisa ser redesenhado nesse novo contexto em que a captura e criação de valor é necessária, olhando para dentro e para fora ao mesmo tempo, e como um processo. O novo modelo interativo seria representado pelo esquema a seguir.

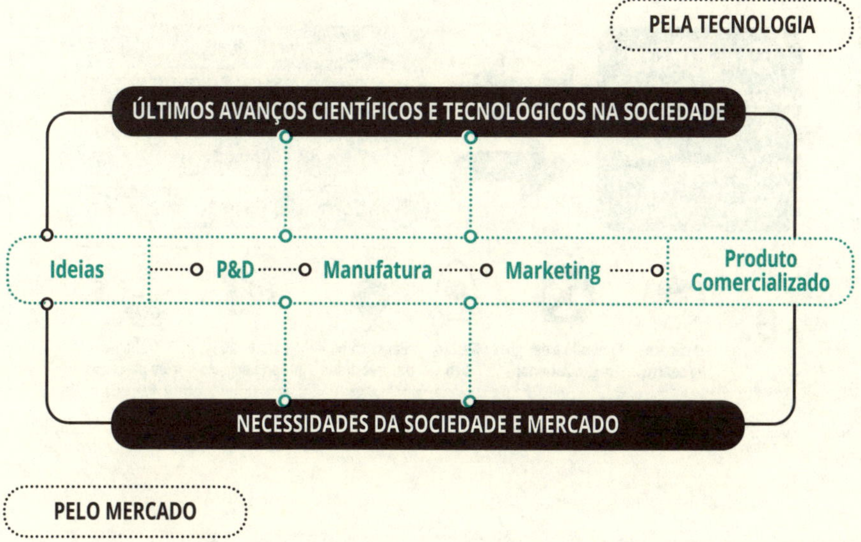

Fonte: Innovation Management and New Product Development, Paul Trott[100]

---

[100] **TROTT, P. Innovation Management and New Product Development. 6. ed. Nova York: Pearson, 2016. p. 25.**

Neste modelo, tudo está conectado e correlacionado. Os componentes são entrada e saída, causa e efeito uns para os outros. A lógica passa a ser de rede e não linear. São muitos componentes e variáveis em movimento. Então, surge uma necessidade: como lidar com variância, imprevisibilidade e risco ao mesmo tempo que se maximiza o retorno neste modelo tão conectado de maneira sistemática? A palavra de ordem é gestão; a gestão da inovação.

JORNADA DA TRANSFORMAÇÃO RADICAL

Assim como o maestro está para o coral, a gestão da inovação está para a inovação corporativa. É ela que conecta e harmoniza tudo que vimos até agora. E que também garante e supervisiona a execução da estratégia inovadora da empresa, define a alocação de recursos, seja material, humano ou financeiro, nos projetos inovadores e trabalha para estabelecer e reforçar uma cultura inovadora.

Inspirado na manufatura enxuta da Toyota, no livro *A startup enxuta*, Eric Ries propõe ao mundo uma nova forma de construir negócios evitando ao máximo o desperdício de recursos por meio do método chamado Ciclo de Feedback. Na prática, este método envolve criar e testar hipóteses através da construção de algo pequeno para os clientes experimentarem a fim de fornecer aprendizado acionável. Ao fim de cada ciclo, pergunta-se: "Meu aprendizado me leva a perseverar na minha ideia ou devo mudar de rota?". O objetivo final é melhorar de maneira contínua a oferta para entregar exatamente o que o cliente necessita, passando diversas vezes pelo ciclo construir-medir-aprender.

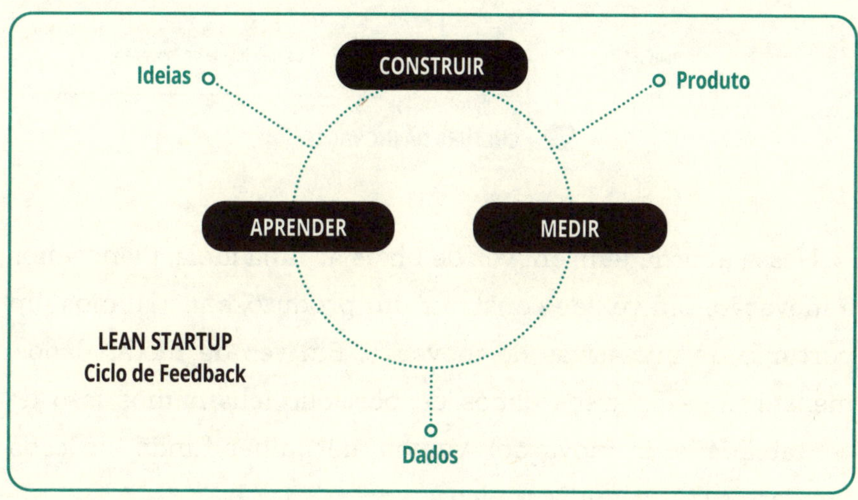

Este conceito está presente no capítulo Execução de Projetos, mas aqui oferecemos uma ótica diferente. As mesmas premissas que Ries utilizou no Ciclo de Feedback[101] também servem para gerir processos de inovação se adaptarmos as entradas e saídas do modelo.

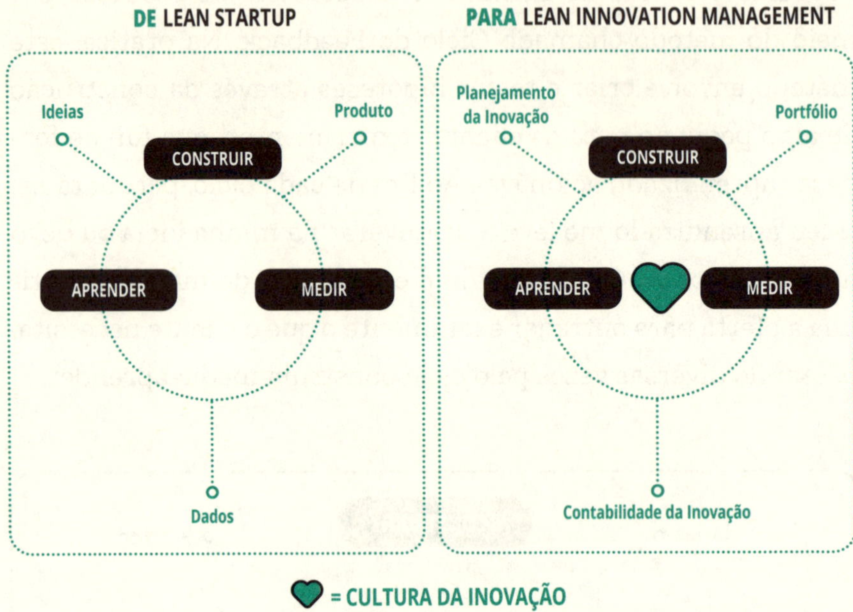

Nessa abordagem, em vez de planejar uma ideia, planejamos a inovação. Em vez de construir um produto, construímos um portfólio de iniciativas de inovação. Em vez de medir dados, mensuramos diversos dados do portfólio (chamamos isso de contabilidade da inovação). Vamos mergulhar fundo em cada um destes três grandes tópicos:

[101] RIES, E. The Lean Startup: How Today's Entrepreneurs Use Continuous Innovation to Create Radically Successful Businesses. Nova York: Crown Publishing, 2011. p 75.

1. PLANEJAMENTO DA INOVAÇÃO

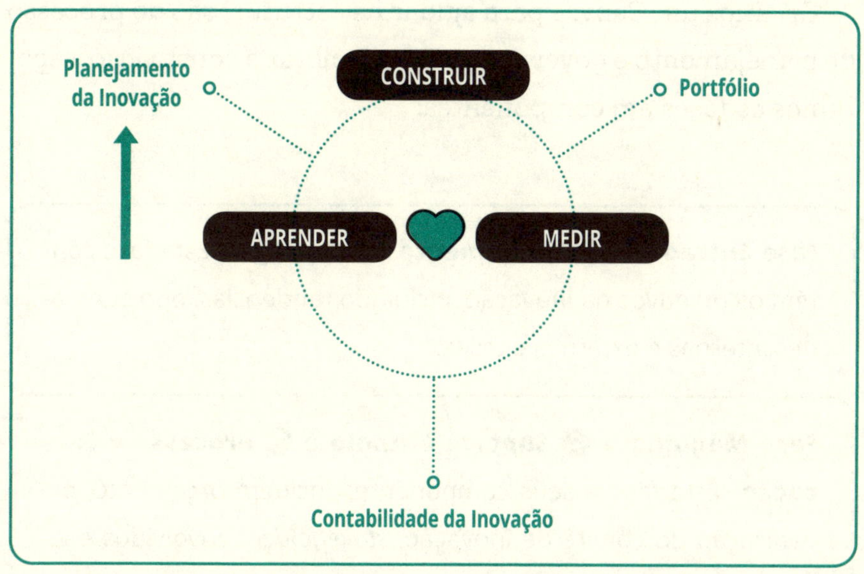

O planejamento ajuda a mapear as oportunidades de inovação da corporação e nortear os gestores nas melhores alternativas a perseguir, chamamos isso de **O Porquê**. Ou seja, por que e onde a empresa almeja inovar. A governança é o complemento necessário ao plano, que estabelece papéis, regras, responsabilidades, políticas e rituais necessários ao sucesso, ou seja, **O Como**.

Quando o assunto é inovação, grande parte das dificuldades que aparecem nas empresas está relacionada ao planejamento e governança. Por isso, sugerimos não pular esta parte. Em nossa experiência, quando não existe um processo estabelecido, colaboradores que querem inovar acabam sendo demitidos por perturbar a ordem, por exemplo, ou deixam a empresa pela falta de alinhamento estratégico geral.

Criamos um Canvas para ajudar na estruturação do processo de planejamento e governança. Para facilitar a construção, separamos as fases em componentes:

Fase Entrada → ❶ Alinhamento e Estratégia. Esta fase contém os objetivos da inovação, incluindo tendências, oportunidades internas e externas e teses.

Fase Máquina → ❷ Suporte e Apoio e ❸ Processo e Execução. Esta fase e seus componentes incluem orçamento, organização do comitê de inovação, *stakeholders* envolvidos e as iniciativas de inovação.

Fase Saída → ❹ Resultados e Mensuração. Esta fase inclui as métricas utilizadas para mensurar o impacto da inovação.

Instruções importantes: siga a sequência numérica (marcada desta forma ❶) para preenchimento correto do Canvas; e tente preencher junto com os executivos, para ter uma visão sólida e priorização correta das iniciativas. Uma boa prática é pedir para que eles façam um trabalho de pesquisa prévio e que em um workshop de quatro horas vocês consigam preencher juntos.

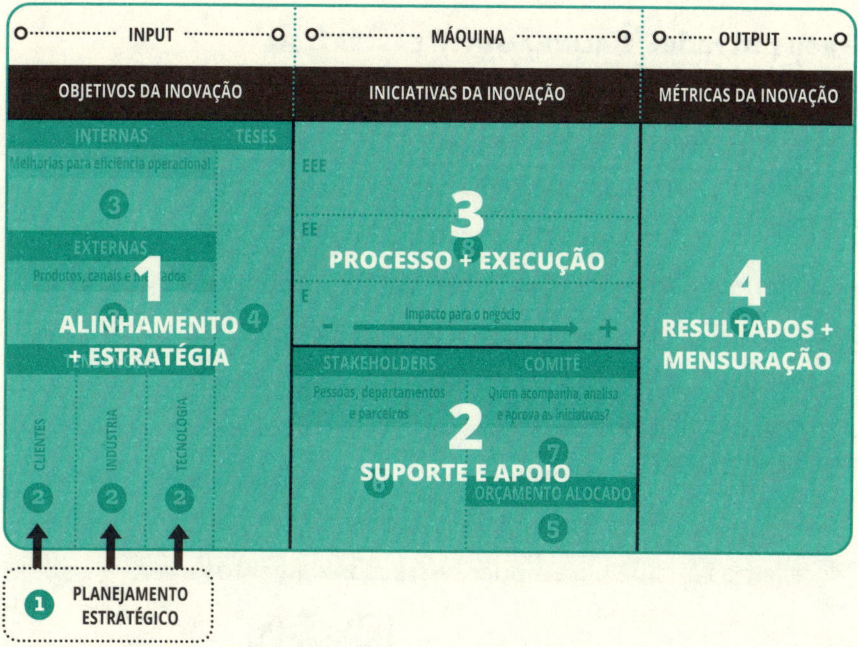
INPUT
MÁQUINA
OUTPUT
OBJETIVOS DA INOVAÇÃO
INICIATIVAS DA INOVAÇÃO
MÉTRICAS DA INOVAÇÃO
1
ALINHAMENTO + ESTRATÉGIA
3
PROCESSO + EXECUÇÃO
2
SUPORTE E APOIO
4
RESULTADOS + MENSURAÇÃO
PLANEJAMENTO ESTRATÉGICO

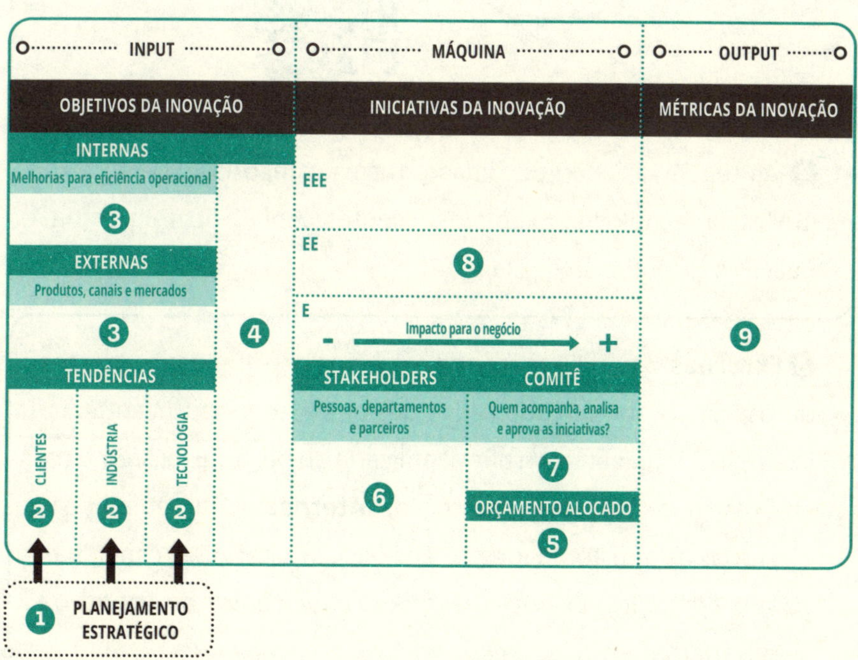
INPUT
MÁQUINA
OUTPUT
OBJETIVOS DA INOVAÇÃO
INICIATIVAS DA INOVAÇÃO
MÉTRICAS DA INOVAÇÃO
INTERNAS
Melhorias para eficiência operacional
EXTERNAS
Produtos, canais e mercados
TENDÊNCIAS
CLIENTES
INDÚSTRIA
TECNOLOGIA
EEE
EE
E
Impacto para o negócio
STAKEHOLDERS
Pessoas, departamentos e parceiros
COMITÊ
Quem acompanha, analisa e aprova as iniciativas?
ORÇAMENTO ALOCADO
PLANEJAMENTO ESTRATÉGICO

Fase Entrada: 1 ALINHAMENTO E ESTRATÉGIA

❶ As diretrizes do planejamento estratégico servem como entrada para toda fase de análise de tendências e oportunidades externas e internas. São a estrela-guia e são fornecidas pelo corpo diretivo da empresa. A falta de um planejamento estratégico, ou até mesmo a falta de clareza, vai levar a um plano de inovação desconectado, que destrói recursos e não agrega ao negócio. Portanto, é fundamental ter qualidade aqui como entrada. Você também pode usar o diagnóstico gratuito que oferecemos on-line para ajudar neste planejamento.

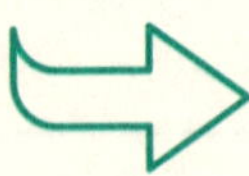

https://bit.ly/tr-canvasgovern

❷ As tendências são divididas em três categorias: clientes, indústria e tecnologia. Exemplos: clientes: *Mobile first*; indústria: delivery; tecnologia: Big Data.

❸ **Externas**: Aqui são mapeadas todas as oportunidades de produtos, canais ou mercados advindos das tendências levantadas. Exemplos: Inteligência Artificial aplicada ao produto existente da empresa (inovação de sustentação). **Internas**: Aqui, são mapeadas todas as oportunidades de eficiência operacional, com olhar para o *backoffice*. Exemplo: assinatura eletrônica de contratos pelo Departamento Jurídico.

❹ Teses definem o que entra ou sai do portfólio de inovação. Elas podem surgir do planejamento estratégico da empresa e/ ou do planejamento da inovação (tendências e oportunidades externas e internas). Por exemplo, a Basf, maior produtora de químicos do mundo, tem um programa de cocriação de soluções agrodigitais chamado AgroStart. Algumas de suas teses são:

→ Gestão da lavoura: Sistemas de coletas de informação para gerar insights para a tomada de decisão em planejamento, compra de insumos, uso dos insumos, colheita, armazenagem e comercialização da safra.
→ Reposição contínua: Sistemas de gestão integrada entre todos os agentes da cadeia produtiva do agro, reduzindo a necessidade dos agricultores em estoques de insumos.
→ Automação: Soluções que reduzam o número de interações humanas no campo, reduzindo a necessidade de manejo e emprego de mão de obra braçal nas áreas de cultivo ou produção animal.

Fase Máquina: 2 SUPORTE E APOIO e 3 PROCESSO E EXECUÇÃO

❺ Orçamento alocado: a quantia financeira anual disponibilizada para inovação.

❻ *Stakeholders* (públicos): o lugar no qual conseguimos consolidar quem serão as pessoas, departamentos e parceiros chaves para a inovação acontecer. Exemplo: RH e TI de empresas (departamentos), consultorias externas (parceiros), gerentes/diretores como *sponsors* (pessoas).

7 Comitê, fórum ou conselho de inovação: o grupo responsável por acompanhar, gerenciar, aprovar, reprovar, alocar (dinheiro, material ou pessoas) em projetos de inovação. Teremos uma sessão dedicada a isto.

8 Esta área é dedicada para inserir as iniciativas de inovação filtradas por: (1), em que o Eixo Y é esforço (E = pouco esforço, EE = médio esforço e EEE = muito esforço), e (2), em que Eixo X é impacto para o negócio.

Fase Saída: 4 RESULTADOS E MENSURAÇÃO

9 Como será medido o resultado e o progresso da inovação? Vamos apresentar diversas métricas, quando falarmos de contabilidade de inovação, mas, por hora, seguem alguns exemplos para tangibilizar o que é necessário nesta fase.

Exemplos de Métricas:

→ Número de ideias geradas

→ Número de MVPs desenvolvidos

→ Velocidade de validação

→ Número de experimentos

→ Número de projetos no *pipeline* da inovação

→ Número de projetos por horizonte de inovação

- → Porcentagem de projetos em cada fase do *pipeline* de inovação
- → Retorno sobre Investimento em Inovação (ROII)
- → Valores de redução em custo operacional
- → Valores de lucros oriundos da inovação
- → Eficiência do investimento

No início, montar este canvas do planejamento da inovação vai ser um desafio. A empresa não terá clareza de muitas das informações. Não fique parado por isso, trabalhe em cima das informações que você já tem. O importante é começar, colocar em prática assim que possível e experimentar aprendendo com os erros. A seguir, separamos um exemplo preenchido de uma empresa de varejo.

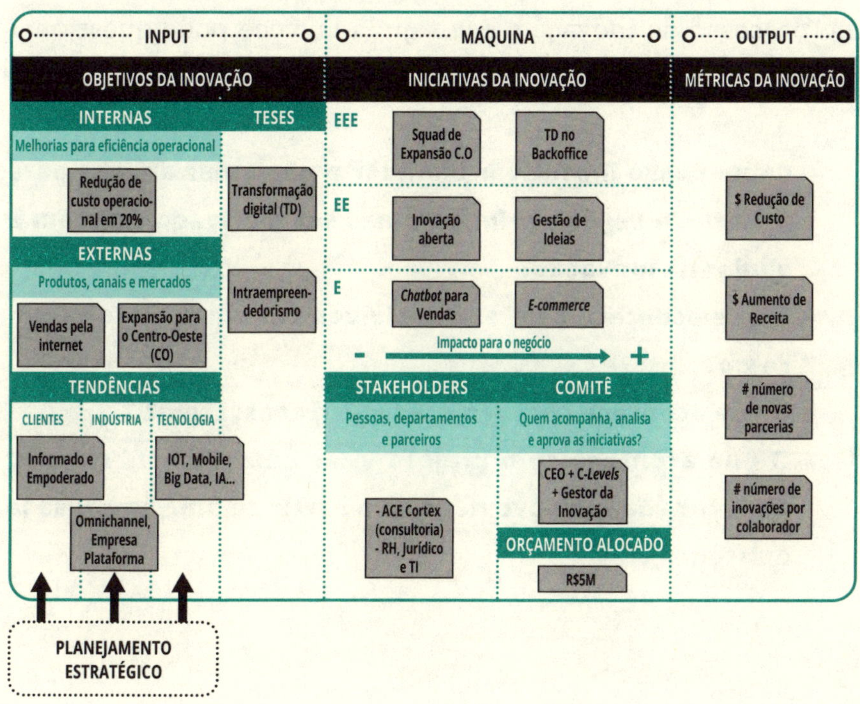

Estruturando o fluxo da inovação

Se um colaborador deseja experimentar uma solução de uma startup ou mesmo dar uma ideia, o que acontece logo em seguida? Quais áreas ou pessoas seriam acionadas? Quais etapas, fases ou processo estão envolvidos? Em quanto tempo um retorno deveria ser dado? Este retorno tem alguma prioridade quando o assunto é inovação? A solução para estas perguntas é estabelecer um fluxo de inovação, ou seja, desenhar o processo que define os responsáveis, define o tempo de resposta e estabelece regras e políticas específicas para cada etapa da jornada. Não queremos alguém que possa barrar a inovação porque não se tem clareza do processo, certo?

Além disso, é crucial alinhar incentivos com os envolvidos no processo de inovação. Para ajudá-lo, você pode questionar as diretrizes:

- **Como posso incentivar um líder a não olhar apenas para a meta do *negócio principal*, mas ser motivado também a ajudar na inovação?**
- **O que acontece com os envolvidos em um projeto de sucesso?**
- **O que acontece com projetos que fracassaram?**
- **O que acontece se o projeto virar uma *spin-off/spin-out* (abertura de um novo negócio a partir de uma empresa já existente)?**

Estas questões precisam estar respondidas e bem claras para que não haja fricção no processo ou qualquer agenda oculta que atrapalhe no fluxo da inovação. Nossa experiência mostra que não existe uma regra para isso, cada empresa tem seu modelo de governança. Então, o importante é refletir sobre as perguntas acima. No fim das contas, precisamos criar um sistema meritocrático.

2. PORTFÓLIO

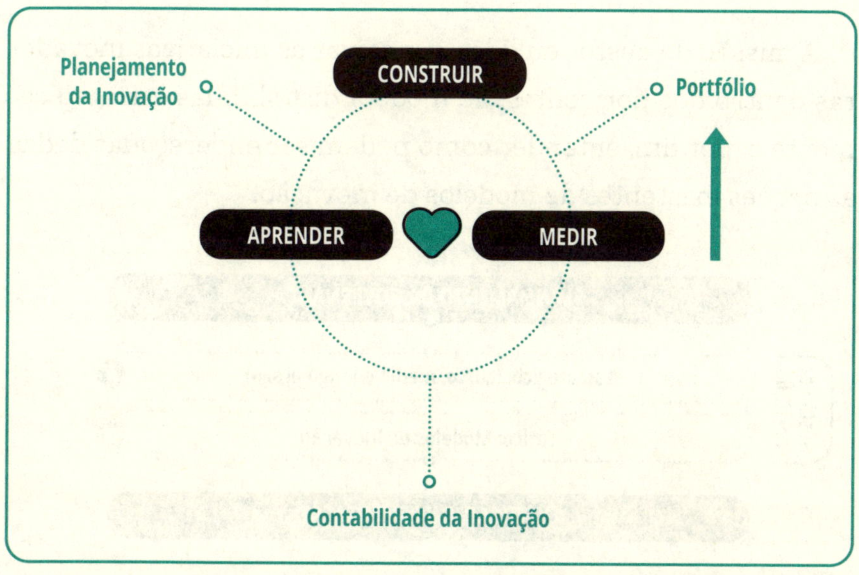

A gestão do portfólio tem como objetivo colocar em prática o planejamento da inovação. O portfólio também é a ponte entre a alocação tática de modelos de inovação e os projetos. Vamos abordar duas partes importantes para termos uma boa gestão de portfólio:

2.A. Horizontes de Inovação → A visão estratégica para inovação no curto, médio e longo prazo.

2.B. Modelos de Inovação → Aqui é o plano tático. As iniciativas de inovação podem ser endereçadas de diversas formas, que são os modelos de inovação. Por exemplo, podemos reduzir custos da empresa com os seguintes modelos: (1) projetos de intraempreendedorismo, (2) conexão com startups, (3) P&D, entre outros.

A missão do gestor ou líder é encaixar as iniciativas inovadoras dentro dos horizontes, de modo a distribui-las estrategicamente e, por fim, entender como podem ser endereçadas dadas as opções existentes de modelos de inovação.

2.1 Horizontes de Inovação

Em 2000, Mehrdad Baghai, Stephen Coley e David White publicaram o livro *The Alchemy of Growth*.[102] Foi um avanço enorme em

[102] BAGHAI, M.; COLEY, S.; WHITE, D. The Alchemy of Growth. Nova York: Basic Books, 1999.

termos de inovação. Os autores conseguiram criar o que seria a fundação para a estratégia da inovação, os Três Horizontes, que permitiam ao time de gestão visualizar na prática como seria uma organização ambidestra, configurando cada horizonte com sua devida cultura e abordagem. A ideia é que a empresa deveria alocar recursos e execução nos três horizontes para ser competitiva no longo prazo. Dadas as suas facilidade e praticidade de entendimento e aplicação, esse se tornou um dos modelos mais aceitos hoje.

	HORIZONTE 1	HORIZONTE 2	HORIZONTE 3
TEMPO (RESULTADOS)	Curto prazo	Médio prazo	Longo prazo
ESCOPO	Negócio atual	Expansão do negócio	Negócio futuro
FOCO	Exploração e otimização de negócios existentes	Expansão de negócios existentes e construção de inovações adjacentes	Exploração de novos negócios, apostas pequenas em oportunidades emergentes
MÉTRICAS	Contabilidade Tradicional (ROI, VPL, IRR, EBITDA)	Contabilidade da Inovação (evolução por estágio ou fase, pontos de verificação, documentos, perguntas e métricas de inovação)	Contabilidade da Inovação (*stage-gates*, artefatos, perguntas, métricas de inovação)
TIME	Mantenedores	Intraempreendedor, time mão na massa	Explorador, aventureiro, intraempreendedor
CAPACIDADE	Já existente	A ser desenvolvida ou adquirida	Requisitos incertos

Vamos utilizar este modelo de gestão como ferramenta, entretanto, há uma observação importante. A ótica de tempo – curto, médio ou longo – depende de diversas variáveis, incluindo setor, tipo de negócio, tipo de cliente, capital investido etc. Por exemplo, longo prazo para uma indústria farmacêutica é diferente de longo prazo para uma indústria de tecnologia. A primeira passa por regulações, conformidades, licenças, testes diversos, distribuição física e logística pesada. A segunda tem a seu favor o meio digital que facilita escala, adoção, desenvolvimento e testes. Logo, o longo prazo de tecnologia será menor.

Os horizontes de inovação serão a ferramenta principal do gestor para pensar no balanceamento ideal do seu portfólio, ou seja, na distribuição das iniciativas de inovação. Em nossa experiência, o balanceamento ideal é algo como 70/20/10, como na figura a seguir:

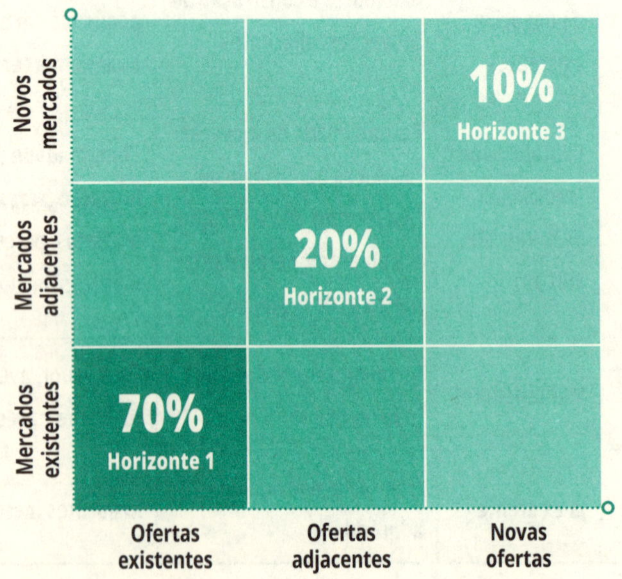

A abordagem 70/20/10 depende muito da empresa e de sua visão executiva. Não podemos afirmar que a disponibilidade de caixa é o que define a distribuição dos projetos nos horizontes, por exemplo. Durante a crise da covid-19, em 2020, vimos diversas empresas sem caixa fazendo inovações em horizonte 2 e 3 porque seu horizonte 1 deixou de existir. Em um termo mais macro, a empresa precisa entender se está em uma fase de ataque ou defesa.

Organizações que estão se defendendo – porque seu negócio está sendo ameaçado –, em geral, vão focar o horizonte 1, a sobrevivência do negócio. Um exemplo seria o McDonald's, que inseriu hambúrgueres gourmet no seu cardápio para se defender do avanço das hamburguerias de bairro que oferecem esse tipo de produto e, com essa estratégia de defesa, conseguiu impactar positivamente suas vendas globais.[103]

Empresas em ataque vão explorar melhor, por exemplo, o horizonte 3, criando ou adquirindo as disrupções e tendências do mercado. É o caso da Smart Fit, que comprou a Queima Diária, plataforma digital com programas de exercícios para fazer dentro de casa, com objetivo de se inserir cada vez mais no mercado *fitness* digital.

É fundamental revisitar essa distribuição de tempos em tempos. Há empresas que fazem isso trimestralmente, outras, anualmente. Independentemente da abordagem, sabemos que o mercado muda e, portanto, a inovação também tem que acompanhar.

[103] MCDONALD'S lança lanche artesanal no Brasil. **Meio&Mensagem**, 23 fev. 2016. Disponível em: https://www.meioemensagem.com.br/home/comunicacao/2016/02/23/mcdonalds-lanca-sanduiche-artesanal-no-brasil.html. Acesso em: 10 set. 2020.

INOVAÇÃO DEIXOU DE SER UM EVENTO PARA SE TORNAR UMA COMPETÊNCIA.

**VIVEMOS NA ERA
DA INFORMAÇÃO,
EM UM MUNDO
ABUNDANTE
EM RECURSOS E
INTERCONECTADO.**

2.2 Modelos de Inovação

Existem diferentes formas de inovar para chegar a um mesmo objetivo. Os modelos de inovação são como uma caixa de ferramentas que o gestor pode usar como plano tático da execução de uma iniciativa de inovação. Os modelos mais comuns são:

MODELO	DESCRIÇÃO	EXEMPLOS DE EMPRESAS QUE APLICAM O MODELO
ACELERADORA CORPORATIVA	Lugar no qual projetos contam com a ajuda de especialistas em criação de negócio e são, portanto, acelerados para uma rápida descoberta de mercado, validação do produto e crescimento do negócio.	Porto Seguro, Bosch e BASF
COMPETIÇÕES/ DESAFIOS DE INOVAÇÃO	São desafios publicados para o público interno ou externo da empresa nos quais quem gerar a melhor solução/ideia ganha premiações.	AMBEV, Natura e Algar Telecom
CORPORATE VENTURE CAPITAL (CVC)	É o capital de risco da empresa para investir em outras corporações.	Eneva, EDP e Randon
FUSÕES E AQUISIÇÕES (M&A)	É quando uma empresa compra ou se junta a outra.	Stone, Bio Ritmo e B2W

MODELO	DESCRIÇÃO	EXEMPLOS DE EMPRESAS QUE APLICAM O MODELO
GESTÃO DE IDEIAS	Coletar ideias no ambiente interno ou externo da organização e gerenciá-las por um funil de seleção e posterior execução.	SulAmérica, BTG e ArcelorMittal
JOINT VENTURE	É quando uma empresa A e uma empresa B abrem, juntas, uma empresa C.	BTG, Marfrig e Bunge
LABORATÓRIO DE P&D	Pesquisa e Desenvolvimento.	JBS, Petrobras e Embraer
SQUADS INTRAEMPREENDEDORES	Grupos multidisciplinares, com autonomia e arquétipo intraempreendedor para fazer uma ideia do início ao fim.	BASF, BTG e Stone
TRANSFORMAÇÃO DIGITAL (TD)	Mudança de mentalidade, operações ágeis e escala digital para empresa.	XP Inc., Magalu e Itaú

A escolha do modelo vai depender da disponibilidade financeira, do tempo, do conhecimento aportado e do impacto desejado na cultura. O gráfico a seguir mostra os modelos pela ótica financeira e de tempo (lembrando que essa é uma classificação generalizada).

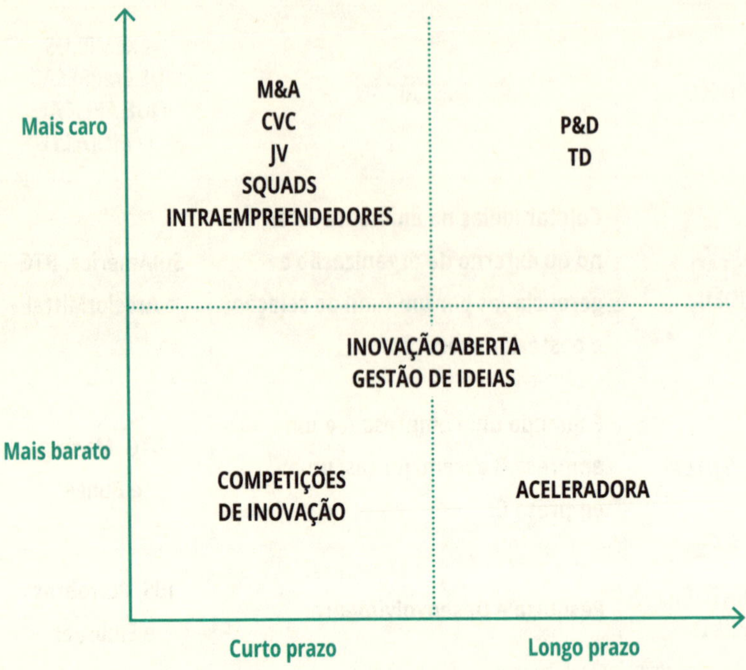

Para resumir, nesta etapa do Lean Innovation Management chamada de Portfólio, é importante o gestor de inovação:

- **ter clareza do momento da empresa (ataque, defesa ou neutro);**
- **calcular a porcentagem ideal de distribuição das iniciativas nos horizontes de inovação;**
- **acompanhar a performance em cada horizonte;**
- **ter um processo para revisitar a distribuição de horizontes (trimestral, semestral ou anual);**
- **definir os melhores modelos de inovação para a empresa, considerando contexto e objetivo (aqui, seria interessante pensar em testar as abordagens).**

3. CONTABILIDADE DA INOVAÇÃO

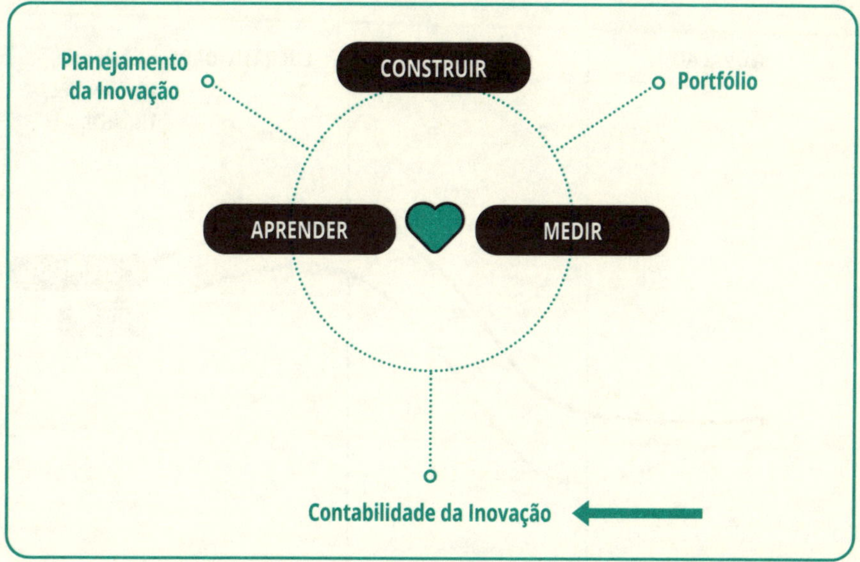

Como medir algo que não tem impacto financeiro ainda? É muito comum projetos de inovação morrerem prematuramente pela falta da contabilidade apropriada. A pressão por uma meta de curto prazo força o olhar para retornos financeiros e deixa de enxergar o real progresso das iniciativas, os aprendizados e potenciais caminhos que a inovação poderia adotar. Não quero dizer que a inovação é incontrolável ou que não pode ser medida, longe disso. O ponto é que não podemos utilizar as ferramentas tradicionais que partem da premissa de que as variáveis são conhecidas e controláveis. Métricas como EBITDA, valor presente líquido (VPL), taxa interna de retorno (TIR) e retorno sobre investimento se encaixam melhor em fases de lucratividade e escala de um negócio. A imagem a seguir ilustra este raciocínio:

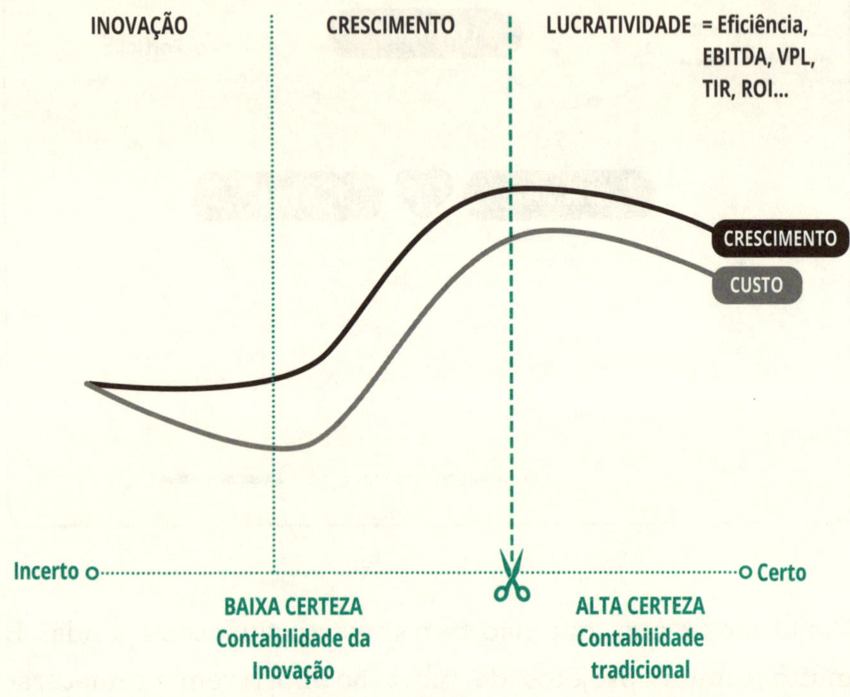

Tanto na fase de inovação quanto na de crescimento, a única coisa que conseguimos de fato medir é progresso, na forma de aprendizado validado. E a única métrica financeira passível de cálculo nestas duas fases é o custo, representado pela linha clara. Perceba que, embora a linha escura (crescimento) possibilite obter métricas financeiras como receita, custo de aquisição do cliente etc., tudo ainda é muito incerto e o modelo de negócio pode mudar de rota (pivotar) completamente. Portanto, a abordagem ideal é utilizarmos um método que olhe para aprendizados e métricas (ainda que incipientes) ao mesmo tempo em que estabelece pontos de verificação durante a jornada. O nome deste método é *Stage-Gate*, em português Estágio-Portão, e foi criado por Robert G. Cooper.

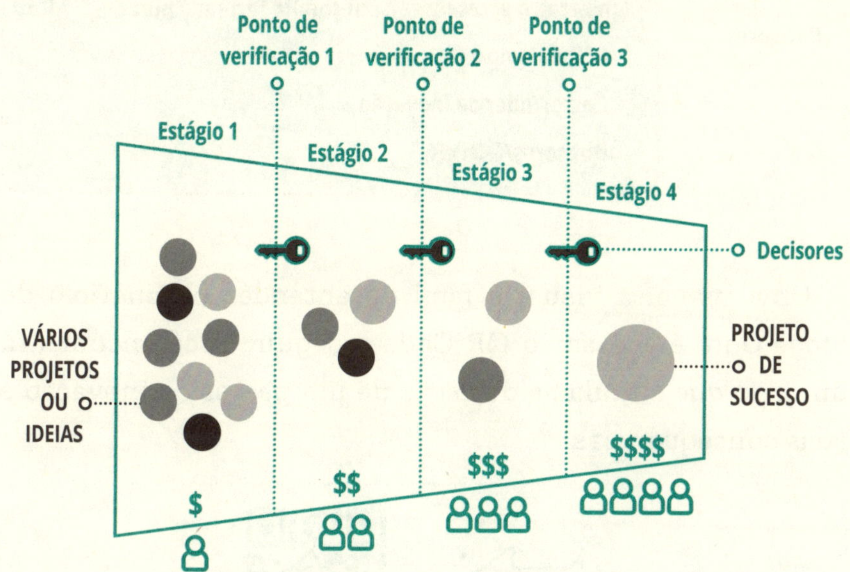

Estágios (Stage)	**Um conjunto de fases determinadas que definem entregáveis, documentos e artefatos como prova de evolução prática do projeto.** **Para cada fase é preciso saber:** → **Que perguntas-chave preciso responder?** → **Que métricas devo apresentar como comprovação de evolução?** → **Que documentos/artefatos provam que estou entregando determinada exigência?**

Pontos de verificação (Gate)	Pontos de verificação em que decisões são tomadas para encerrar ou continuar um projeto.
Decisores	Públicos de diferentes áreas do negócio que possuem os recursos necessários à continuação ou avanço do projeto. Em geral, o *gatekeeper* é um comitê formado por: → CEO da empresa → Gestor/líder da inovação → Diretores/C-*levels*

Uma maneira visual e fácil de entender o benefício do *Stage-Gate* é acessar o QR Code a seguir. Você encontrará um jogo que simula as decisões de um gestor de inovação e suas consequências.

MONTANDO *STAGE-GATES* NA PRÁTICA

Para desenhar os *Stage-Gates*, o gestor ou líder da inovação precisa:

1. **Desenhar a jornada que um projeto de inovação percorre na empresa, que, por sua vez, define também os pontos de verificação;**

❷ Definir os entregáveis, documentos ou artefatos que comprovem evolução;

❸ Definir as métricas necessárias para o estágio em questão.

Vamos pegar uma empresa hipotética, a ABC Inc. Ela definiu a jornada de inovação como sendo:

EXPLORAÇÃO DO PROBLEMA → VALIDAÇÃO DA SOLUÇÃO → VALIDAÇÃO DO MODELO DE NEGÓCIO

Agora, é preciso desenhar o que cada fase deve entregar e suas respectivas métricas. O exemplo a seguir é um esforço para tentar explorar da melhor maneira possível o processo, mas não é limitado apenas aos itens descritos. Cada empresa pode ainda escolher como customizar artefatos, documentos e métricas necessárias.

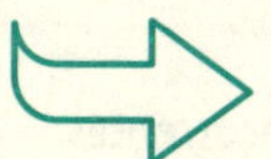

STAGE-GATE	QUE PERGUNTAS E DOCUMENTOS/ARTEFATOS É PRECISO ENTREGAR PARA EVOLUIR PARA A PRÓXIMA FASE?	QUE MÉTRICAS DEVERIAM SER ACOMPANHADAS E MENSURADAS?
1 EXPLORAÇÃO DO PROBLEMA	**Perguntas-chave:** Você desenhou e validou as hipóteses que são chave para a ideia dar certo? → Você entrevistou seu público e conseguiu extrair dados e conhecimento? → Você validou o problema e as necessidades do usuário? → Você conhece as *personas* e consegue definir quem é a principal? → Você sabe como o cliente resolve hoje a dor que você propõe atacar? → Você mapeou concorrentes? → Você conhece o tamanho deste mercado? **Artefatos/Documentos:** Hipóteses validadas → Clareza da dor em uma frase → Dores e necessidades mapeadas → Planilha ou formulário de entrevista → Mapa dos concorrentes → Cálculo do potencial do mercado → *Personas* principais	→ Número de pessoas entrevistadas → Número de hipóteses validadas → Porcentagem de pessoas com o problema

STAGE-GATE	QUE PERGUNTAS E DOCUMENTOS/ARTEFATOS É PRECISO ENTREGAR PARA EVOLUIR PARA A PRÓXIMA FASE?	QUE MÉTRICAS DEVERIAM SER ACOMPANHADAS E MENSURADAS?
2 VALIDAÇÃO DA SOLUÇÃO	**Perguntas-chave:** → Você tem clareza da visão do produto? → Há um *mapa de evolução* claro de funcionalidades que precisam ser entregues? → Você testou e validou a solução ou MVP com o cliente? → Sua solução atingiu as expectativas do cliente e resolveu seu problema? → Você tem clientes atualmente utilizando o produto? → Existem métricas que podem comprovar o direcionamento do projeto? → O usuário conseguiu navegar no produto com clareza? → A proposta de valor ficou clara para o cliente? **Artefatos:** → Produto ou MVP no ar → Relatórios da adoção e percepção do cliente no uso do produto → Primeiros adotantes ou clientes do produto	→ Número de downloads ou *trials* do produto → Número de recomendações → Net Promoter Score (satisfação do usuário) → Porcentagem de uso do Produto → Crescimento Mensal Líquido de receita ou usuário → Taxa de conversão de visitante para *trial*, e de *trial* para cliente

STAGE-GATE	QUE PERGUNTAS E DOCUMENTOS/ARTEFATOS É PRECISO ENTREGAR PARA EVOLUIR PARA A PRÓXIMA FASE?	QUE MÉTRICAS DEVERIAM SER ACOMPANHADAS E MENSURADAS?
3 VALIDAÇÃO DO MODELO DE NEGÓCIO	**Perguntas-chave:** → Você tem clientes pagantes? → Você já conseguiu identificar os canais de aquisição do seu cliente? → Você já sabe quanto e como vai cobrar do seu cliente? → Você já desenhou e conhece seu motor de crescimento? → Você conhece suas métricas e faz o acompanhamento delas? → Suas métricas apontam para um crescimento sustentável? → Você está crescendo em número de clientes, faturamento e lucro? **Artefatos:** → Plano e meta de crescimento baseado nos canais de aquisição de clientes testados → Clareza do investimento vs. retorno em marketing e vendas → Métricas econômicas e financeiras → Precificação ideal do produto	→ Custo de Aquisição de Cliente → Lifetime Value (LTV) ou taxa de Recompra → Razão CAC:LTV → Taxa de Cancelamento → Crescimento da Receita → Métricas financeiras de operação (lucratividade por área, produto, canal, funil...) incluindo ROII, Margem e EBITDA. → OKRs → Número de usuários diários, semanais ou mensais

O exemplo acima é uma maneira de elucidar os passos para montagem do *Stage-Gate*. Repare que nós já experimentamos um processo completo de *Stage-Gate* no **Capítulo 4 – Execução de Projetos**, quando esclarecemos as etapas e entregáveis necessários para o desenvolvimento de projetos. Recomendamos que sigam aqueles modelos, pois foram testados em mais de 1.500 projetos. Sabemos que algumas companhias terão suas particularidades, então, você será responsável por definir as métricas dentro de cada etapa.

MONTANDO O COMITÊ DE INOVAÇÃO

Comitês de inovação são responsáveis pela análise dos projetos nos pontos de verificação (*stage-gates*) atuando como decisores e também discutindo temas importantes para a execução da inovação como um todo na companhia. Para rodar um comitê é preciso ter:

1. **Pauta do dia com temas ou projetos que serão discutidos;**

2. **Convidados e participantes, incluindo CEO da empresa, diretores ou *C-level* e participantes dos projetos. O gestor de inovação, ou equivalente, é imprescindível aqui;**

3. **Apresentação do *status* dos projetos ou de cada tema a ser discutido;**

4. **Deliberações e recomendações do comitê;**

5. **Documentação em ata e envio a todos.**

A tabela a seguir ilustra as atividades e responsabilidades envolvidas em um comitê relativas a projetos e à gestão da inovação:

	EM RELAÇÃO A PROJETOS	EM RELAÇÃO À GESTÃO DA INOVAÇÃO
ATIVIDADES	→ Aprovar, pausar ou terminar um projeto → Alocar novos recursos → Desobstruir caminhos → Apoiar executivamente os projetos → Recomendações diversas → Acompanhar as métricas → Analisar os entregáveis, documentos e artefatos → Abertura do próximo *gate*	→ Alocar novos recursos ao departamento de inovação → Ajudar na criação de processos, incluindo fluxos e esteiras ágeis → Contratação de pessoas → Análise de métricas da inovação → Análise do retorno financeiro da inovação → Desobstrução de impedimentos → Definição de compensações, incentivos, bônus e políticas em geral

Os comitês podem ser organizados em reuniões de *status* e de decisão, fica a critério da empresa. Mas é fundamental que a presidência e a diretoria estejam presentes em reuniões de decisão. A empresa ABC Inc. poderia ter a seguinte configuração:

Comitê mensal → Para *status*, feedbacks, remoção de impedimentos e decisões pequenas. Neste comitê, o presidente é opcional.

Comitê trimestral → Para decisões de *gates*, alocação de recursos e decisões importantes. Neste comitê, o presidente participa junto com os diretores.

MÉTRICAS DA GESTÃO DA INOVAÇÃO

A gestão efetiva da inovação passa por mensurar acompanhamento e resultado (impacto) para ambos projeto e portfólio, utilizando indicadores do tipo *lead* e *lag*. O objetivo é ser capaz de ter visões micro e macro da inovação.

Lag são indicadores de resultado, enquanto os indicadores *lead* são direcionadores ou indicadores de tendências. Por exemplo, o faturamento mensal de uma empresa é um indicador *lag*, indica resultado. Já o número de potenciais clientes no funil de vendas é um indicador *lead*, indica tendência para o resultado.

Indicadores *lag* são tipicamente fáceis de medir. Mas são difíceis de melhorar ou influenciar, pois já indicam um reflexo de ações passadas. Por isso, é importante ter um ou mais indicadores do tipo *lead* para cada indicador *lag*. Veja alguns exemplos:

Cada empresa terá seu conjunto de indicadores e métricas, idealmente por tipo de modelo de inovação e necessidade de negócio. O responsável por dar cadência e acompanhar a medição deles é o gestor de inovação com a ajuda dos times dos projetos. No início, é possível acompanhar por planilhas, mas será preciso um software especializado para a gestão simultânea de algumas dezenas ou centenas de projetos de inovação.

Aqui na ACE, nós desenvolvemos o software Mynnovation para acompanhamento de projetos e portfólio via *Stage-Gates*, contabilidade da inovação, método unificado, métricas e cálculo do ROI da Inovação. Saiba mais acessando este código:

Além disso, para ajudá-lo na jornada de construção da inovação, montamos um apêndice de indicadores que você encontrará no fim do livro.

PRÓXIMO PASSO

O estado natural de qualquer organização é buscar sempre a eficiência. E não apenas porque deseja, mas porque o mercado impõe. Seus produtos precisam estar impecáveis e os serviços precisam operar em alto nível, dia após dia. Sem esquecer, claro, do preço acessível ao consumidor e, ao mesmo tempo, equilibrando o olhar de lucratividade dos acionistas. Este ambiente comumente cria intolerâncias a qualquer ameaça à estabilidade do sistema. As palavras de ordem são controle, redução de variâncias, riscos e incertezas.

Por outro lado, apenas isso não garante a sobrevivência da empresa. É necessário desenvolver também novas ideias, produtos e serviços para manter sua competitividade no mercado. Um ambiente criativo, inovador e experimentador é crucial. Entretanto, o ato de inovar vai na contramão da estabilidade do sistema. O risco, o desconhecido e o incerto fazem parte desta jornada. As competências são diferentes também, incluindo sistemas, ferramentas, incentivos, processos e cultura.

Pode parecer que a empresa deve escolher um lado em detrimento de outro ou que fazer negociações duras com perdas para algum lado. Felizmente, há um remédio para resolver este problema, e ele se chama **gestão da inovação**.

Nosso conselho é: comece. Comece pequeno, teste abordagens, mas comece. A disciplina vai render frutos ao longo dos anos. •

O RISCO,
O DESCONHECIDO
E O INCERTO
FAZEM PARTE
DESTA JORNADA.

Capítulo 8

CONCLUSÃO E INÍCIO

Esperamos que a sua caminhada até aqui tenha sido positiva e repleta de insights. Nosso desejo é que você coloque em prática os métodos e dicas contidos neste livro. Temos certeza de que o que apresentamos aqui pode ajudar você a dar os primeiros passos em inovação e começar uma jornada de descobertas e redescobertas. Trazemos estes conhecimentos direto das trincheiras, com uma grande dose de realidade, além de diversas tentativas (e erros) de aplicação. E é nas trincheiras que queremos que o livro permaneça.

Assim como o método *Lean*, utilizado muito ao longo desta obra, é circular e busca o aprendizado por meio das iterações com a realidade, nossa intenção é que você utilize as metodologias contidas aqui como ponto de partida. Queremos que você as utilize para desenvolver novos conhecimentos. Construa, coloque os projetos para rodar. Assuma riscos e aprenda com os erros. Afinal, falamos várias vezes que erros são apenas etapas do processo para quem tem a mentalidade experimental.

Faça experimentos sem se cobrar muito. Entenda que estamos em uma jornada sem-fim. As grandes inovações da humanidade foram conduzidas por amadores, por pessoas que não tinham vivência ou conhecimento sobre o problema que estavam tentando resolver. A mentalidade amadora é um dos grandes ativos de quem quer inovar. Manter a cabeça em constante estado beta é saudável para você e sua carreira. Você está largando esta jornada já com a vantagem deste *mindset*. Nunca o perca.

Este livro foi feito para pessoas de todos os níveis hierárquicos e áreas das empresas. Não interessa se você é CEO ou está apenas começando a sua carreira. O mais importante é começar e transformar toda a sua bagagem em ativo, não em barreira para novos aprendizados, para, assim, conseguir contaminar toda a empresa com esse novo *mindset*. Para quem já lidera organizações e times, nosso objetivo é que você consiga mudar a cabeça da sua equipe fazendo-a pensar diferente sobre os projetos que vocês realizam. Para quem ainda não lidera times, nosso objetivo é que você coloque os conceitos em prática, gere resultados e mostre para a empresa como é importante trazer novas formas de trabalhar e pensar.

A jornada do livro foi feita para você escolher o melhor caminho de acordo com o seu contexto. Por isso, desenvolvemos o nosso diagnóstico afim de permitir que você defina os primeiros passos da maneira mais assertiva possível.

Queremos terminar esta obra com dois pedidos e uma sugestão.

O primeiro pedido é que você nos conte o que fez na prática com o conteúdo que apresentamos. Mande os seus cases para transformacao@goace.vc.

O segundo é que você compartilhe os seus conhecimentos com o maior número de pessoas possível. Não guarde conhecimento. Vivemos em um mundo de abundância e precisamos ajudar todos à nossa volta a criar o novo.

A sugestão é que você faça o diagnóstico da sua empresa através deste QR Code, de modo a entender o que priorizar para iniciar a sua jornada.

Todos os recursos disponibilizados ao longo desta obra podem ser baixados por meio deste QR Code.

Antes de tudo, nosso objetivo é **transformar o Brasil por meio da inovação**. E você é um agente deste processo. Acredite no impacto que você tem no mundo ao seu redor. O mundo está repleto de exemplos de pessoas que pensaram desta forma e o transformaram para sempre. •

Pedro, Sulivan e Victor

O MAIS IMPORTANTE É COMEÇAR E TRANSFORMAR TODA A SUA BAGAGEM EM ATIVO, NÃO EM BARREIRA PARA NOVOS APRENDIZADOS.

INDICADORES PARA GESTÃO DA INOVAÇÃO

TIPO DE INDICADOR	SE APLICA AO PROJETO OU PORTFÓLIO?	INDICADOR
LEAD	Portfólio	Número de ideias geradas
LEAD	Portfólio	Número e/ou percentual de ideias escolhidas
LEAD	Portfólio	Número de MVPs desenvolvidos
LEAD	Portfólio	Número de experimentos feitos
LEAD	Portfólio	Número de interações com cliente
LEAD	Portfólio	Número de entrevistas
LEAD	Portfólio	Custo médio por validação
LEAD	Portfólio	Velocidade da validação
LEAD	Portfólio	Número e/ou percentual de projetos no *pipeline*
LEAD	Portfólio	Número e/ou percentual de projetos por horizonte

LEAD	Portfólio	Gasto total ou médio por *Stage-Gate*
LEAD	Portfólio	Número e/ou percentual de projetos alinhados com a tese de investimento
LEAD	Portfólio	Número e/ou percentual de projetos por *Stage-Gate*
LEAD	Portfólio	Número e/ou percentual de projetos de sucesso, cancelados, em andamento ou pausados
LAG	Portfólio	Receita total gerada pela inovação
LAG	Portfólio	Redução em custo operacional total gerada pela inovação
LAG LAG LAG LAG	Portfólio	Retorno sobre investimento em Inovação (ROI). Para calcular é necessário saber: Ganhos Obtidos com Inovação (GOI). Medir o total do período (soma das receitas e economias geradas pela inovação.) INI = Investimentos em Inovação. (Medir o total do período.) ROI = (GOI - INI) / INI
LAG	Portfólio	Número de novos clientes
LAG	Portfólio	*Marketshare* da empresa
LAG	Portfólio	Net Asset Value, ou valor financeiro total oriundo da participação dos investimentos da empresa em startups
LAG	Portfólio	Total Value Paid In (TVPI), ou retorno total de investimentos e *exits* da área de *corporate venture capital* da empresa
LAG	Portfólio	Taxa de sucesso da inovação, ou total de projetos de sucesso dividido pelo total de projetos explorados
LAG	Portfólio	Eficiência do investimento em inovação, ou total de projetos explorados/total de investimentos
LAG	Portfólio	Magnitude da inovação = total de ganhos obtidos / total de projetos de sucesso
LAG	Projeto	Faturamento ou receita total

LAG	Projeto	*Valuation* do projeto, novo negócio ou startup interna
LAG	Projeto	EBITDA
LAG	Projeto	Crescimento mensal ou anual líquido
LEAD	Projeto	Total de clientes pagantes ou vendas
LEAD	Projeto	Usuários ativos mensais
LEAD	Projeto	*Burn rate*, ou taxa de queima de recursos financeiros por mês
LEAD	Projeto	*Runway*, ou tempo de vida do projeto dado o investimento ainda disponível em caixa (medido em meses ou dias)
LEAD	Projeto	Taxa de conversão de vendas
LEAD	Projeto	Taxa de cancelamento
LEAD	Projeto	Taxa de recompra
LEAD	Projeto	Número de leads no *pipeline*
LEAD	Projeto	*Gross Merchandise Volume* (GMV), ou total de volume financeiro circulado na plataforma; específico para *marketplaces*
LEAD	Projeto	Número de downloads ou instalações
LEAD	Projeto	Custo de aquisição
LEAD	Projeto	*Lifetime value*

Este livro foi impresso pela Gráfica BMF
em papel pólen bold 70g em outubro de 2020.